JANG: DUŠE KOREJSKÉHO VAŘENÍ

Zkoumání esence Jang v korejské kuchyni prostřednictvím 100 uměleckých receptů

Filip Miko

Materiál chráněný autorským právem ©2024

Všechna práva vyhrazena

Žádná část této knihy nesmí být použita nebo přenášena v jakékoli formě nebo jakýmikoli prostředky bez řádného písemného souhlasu vydavatele a vlastníka autorských práv, s výjimkou krátkých citací použitých v recenzi . Tato kniha by neměla být považována za náhradu lékařských, právních nebo jiných odborných rad.

OBSAH

- OBSAH 3
- ÚVOD 7
- **DOENJANG (FERMENTOVANÁ SÓJA)** 8
    - 1. Zeleninový guláš Doenjang / Doenjang-Jjigae 9
    - 2. Grilované vepřové Maekjeok / Maekjeok 11
    - 3. Hovězí zelná polévka/ Sogogi Baechu Doenjang-Guk 13
    - 4. Bossam Kimchi a pošírované vepřové maso/ Bossam 15
    - 5. Omáčka Ssamjang 18
    - 6. Kimchi makrela/ Godeungeo Kimchi- Jorim 20
    - 7. Polévka z hřebenatek/ Sigeumchi Doenjang-Guk 22
    - 8. Doenjang Jjigae (guláš ze sójových bobů) 24
    - 9. Doenjang Bulgogi (marinované hovězí maso ze sójové pasty) ... 26
    - 10. Veganský Doenjang Jjigae (korejský fazolový guláš) 28
    - 11. Doenjang Bibimbap (směs rýže se zeleninou) 31
    - 12. Doenjang Chigae Bokkeum (smažená zelenina ze sójových bobů) ... 33
    - 13. Doenjang Gui (Grilovaná sójová pasta s mořskými plody) 35
    - 14. Doenjang Ramen 37
    - 15. Doenjang Tofu salát 39
    - 16. Palačinky Doenjang (Bindaetteok) 41
- **GOCHUJANG (FERMENTOVANÁ ČERVENÁ CHILI PASTA)** 43
    - 17. Gochujang Studené nudle 44
    - 18. Smažené Tteokbokki s Chilli pasta/ Tteokbokki 46
    - 19. Špízy Tteok se sladkokyselou omáčkou/ Tteok-Kkochi 48
    - 20. Korejské smažené kuře / Dakgangjeong 50
    - 21. Squid Rolls s Crudités/ Ojingeo -Mari 53
    - 22. Pikantní salát z bílé ředkve/Mu- Saengchae 56
    - 23. Pureed Tofu/Kimchi Stew 58
    - 24. Domácí Bibimbap / Bibimbap 60
    - 25. Studené nudle Kimchi / Bibim-Guksu 62
    - 26. Vepřové bulgogi / Dwaeji-Bulgogi 64
- **CHEONGUKJANG (RYCHLE FERMENTOVANÁ SÓJA)** 66
    - 27. Cheonggukjang Stew (Cheonggukjang Jjigae) 67

28. CHEONGGUKJANG BIBIMBAP 69
29. PALAČINKY CHEONGGUKJANG (CHEONGGUKJANG BUCHIMGAE) 71
30. NUDLE CHEONGGUKJANG (CHEONGGUKJANG BIBIM GUKSU) 73
31. CHEONGGUKJANG A KIMCHI SMAŽENÁ RÝŽE 75
32. CHEONGGUKJANG A ZELENINOVÁ RESTOVÁNÍ 77

SSAMJANG (MÁČÁCÍ OMÁČKA) 79

33. HOVĚZÍ BULGOGI SSAMBAP (BULGOGI SSAMBAP) 80
34. KOREJSKÉ GRILOVANÉ VEPŘOVÉ MASO (SAMGYEOPSAL) 82
35. SSAMJANG PORK BELLY WRAPS (SAMGYEOPSAL SSAM) 85
36. SSAMJANG TOFU SALÁTOVÉ ZÁBALY 87
37. HOVĚZÍ RÝŽOVÉ MISKY SSAMJANG 89
38. ZELENINOVÝ TALÍŘ SSAMJANG 91

ČUNJANG (OMÁČKA Z ČERNÝCH FAZEL) 93

39. TTEOKBOKKI S PASTOU Z ČERNÝCH FAZOLÍ/ JJAJANG-TTEOKBOKKI 94
40. JAJANGMYEON (ČERNÉ FAZOLOVÉ NUDLE) 96
41. JAJANGBAP (MÍSA NA RÝŽI S ČERNÝMI FAZOLEMI) 98
42. JAJANG TTEOKBOKKI (RÝŽOVÝ DORT S ČERNÝMI FAZOLEMI) 100
43. JAJANG MANDU (KNEDLÍKY Z ČERNÝCH FAZOLÍ) 102

YANGNYEOM JANG (KOŘITELNÁ SÓJOVÁ OMÁČKA) 104

44. PIKANTNÍ MARINÁDA/ MAEUN YANGNYEOMJANG 105
45. GRILOVANÁ MARINÁDA/ BULGOGI YANGNYEOM 107
46. KUŘECÍ KŘÍDLA YANGNYEOM JANG 109
47. YANGNYEOM JANG NA RESTOVÁNÍ 111
48. GLAZOVANÉ ŠPÍZY NA GRILOVANÉ KREVETY YANGNYEOM JANG 113
49. NAMÁČECÍ OMÁČKA YANGNYEOM JANG NA KNEDLÍKY 115
50. YANGNYEOM JANG HOVĚZÍ RESTOVÁNÍ 117
51. YANGNYEOM JANG 119
52. NUDLE YANGNYEOM JANG 121
53. ŠPÍZY YANGNYEOM JANG TOFU 123

MAESIL JANG (ŠVESTKOVÁ OMÁČKA) 125

54. GLAZOVANÁ KUŘECÍ KŘIDÉLKA MAESIL JANG 126
55. SALÁTOVÝ DRESINK MAESIL JANG 128
56. GLAZOVANÝ LOSOS MAESIL JANG 130
57. LEDOVÝ ČAJ MAESIL JANG 132

58. Smažená zelenina Maesil Jang 134
59. Maesil Jang Glazovaná vepřová restovaná 136
60. Maesil Jang BBQ žebra 138
61. Horký čaj Maesil Jang a zázvor 140

MATGANJANG (KOŘITELNÁ SÓJOVÁ OMÁČKA) 142

62. Kreveta A Ananas Smažená Rýže/Havajský Bokkeumbap 143
63. Korejský hovězí tatarák / Yukhoe 145
64. Smažené houby / Beoseot-Bokkeum 147
65. Sladkokyselé lotosové kořeny/ Yeongeun-Jorim 149
66. Pikantní hovězí a zeleninová polévka / Yukgaejang 151
67. Smažená bílá ředkev/Mu- Namul 154
68. Smažené zelené fazolky/zelené fazolky Bokkeum 156
69. Tofu salát / Dubu - salát 158
70. Rybí lívanečky / salát Seangseon-Tuigim 160
71. Tteokbokki Se sójovou omáčkou/ Ganjang-Tteokbokki 162
72. Ledová polévka z mořských řas / Miyeok-Naengguk 164
73. Dušená pražma/ Domi-Jjim 166
74. Sezamový špenát/ Sigeumchi-Namul 169
75. Treska Rolls / Seangseon-Marigui 171

GANJANG (SOJOVÁ OMÁČKA) 173

76. Kimchi smažená rýže/Kimchi Bokkeumbap 174
77. Surimi salát / Keuraemi - salát 176
78. Korejské hovězí karbanátky / Tteokgalbi 178
79. Na tenké plátky nakrájená grilovaná žebírka/La Galbi 180
80. Salátový salát s Kimchi omáčkou/ Sangchu-Geotjeori 182
81. Pórkový salát/Pa- Muchim 184
82. Omeleta a tuňáková mísa / Chamchi - Mayo - Deobpab 186
83. Hovězí Japchae / Japchae 188
84. Mořské řasy Vermicelli Fritters/ Gimmari 191
85. Mat Ganjang /Mat Ganjang 194
86. Dušené korejské kuře/ Dakbokkeumtang 196
87. Hovězí maso Jangjorim / Sogogi Jangjorim 198
88. Okurka sojová omáčka Pickles/Oi Jangajji 200
89. Kimchi Gimbap /Kimchi- Kimbap 202

OMÁČKA Z KVAŠENÉ SARBELOVÉ 205

90. Palačinky Kimchi / Kimchijeon 206
91. Hovězí maso s houbami a cuketou 208
92. Smažená cuketa/ Hobak-Namul 210
93. Čínské zelí Kimchi/ Baechu -Kimchi 212
94. Okurkové Kimchi/Oi- Sobagi 215
95. Kimchi z bílé ředkve/ Kkakdugi 218
96. Kimchi pažitková/Pa-Kimchi 221
97. Bílé Kimchi 223
98. Vepřové maso a kimchi restované/kimchi- jeyuk 226
99. Kimchi Stew/Kimchi- Jjigae 228
100. z čínského zelí s Kimchi omáčkou / Baechu-Geotjeori 230

ZÁVĚR 232

ÚVOD

Korejská kuchyně je tapisérie chutí, vůní a tradic, z nichž každá je vetkaná do bohatého kulinářského dědictví, které uchvátilo milovníky jídla po celém světě. V srdci této gastronomické cesty leží klíčový prvek, který definuje duši korejského vaření – Jang. V „JANG: DUŠE KOREJSKÉHO VAŘENÍ" se pustíme do zkoumání této základní ingredience, odhalujeme její nuance, význam a umělecký tanec, který předvádí v nesčetných receptech.

Jang, termín zahrnující různé fermentované omáčky a pasty, je po staletí základním kamenem korejského kulinářského řemesla. Jeho transformační schopnosti nejen povznášejí chuť pokrmů, ale také propojují generace díky zachování časem prověřených technik. Když se ponoříme do této kulinářské odysey, setkáme se s uměním korejských kuchařů, kteří dovedně ovládají Jang, aby vytvořili jídla, která rezonují s tradicí i inovací.

Umělecký aspekt korejské kuchyně je prezentován prostřednictvím 100 pečlivě vybraných receptů, z nichž každý je důkazem všestrannosti Jang. Tyto receptury pokrývají spektrum kulinářských možností, od tradičních klasik, které obstály ve zkoušce času, až po současné výtvory, které posouvají hranice chutí. Prostřednictvím objektivu těchto uměleckých receptů jsou čtenáři zváni, aby byli svědky snoubení tradice a inovace, které všechny spojuje sjednocující přítomnost Janga.

"JANG: DUŠE KOREJSKÉHO VAŘENÍ" je víc než jen sbírka receptů; je to kulinářská symfonie, která oslavuje spojení chutí, rytmus tradice a harmonii inovace. Když procházíme pulzující tapisérií korejské kuchyně, stránky ožívají vizuálním a gastronomickým půvabem jídel, která ztělesňují ducha Jang. Tento průzkum je ódou na řemeslníky, kteří zachovali a rozvinuli dědictví Jang a předávali své znalosti z generace na generaci. Díky jejich odhodlání jsme zváni ochutnat esenci korejského vaření – tanec chutí, který přesahuje čas a hranice.

DOENJANG (FERMENTOVANÁ SÓJA)

1. Zeleninový guláš Doenjang / Doenjang-Jjigae

SLOŽENÍ:
- 600 ml (2 šálky) vody
- 12cm (4½ palce) čtvercová mořská řasa dasima (kombu)
- 1 mrkev
- 1 cibule
- ½ cukety (cuketa)
- ½ pórku (bílá část)
- 150 g (5½ unce) žampionů mangadak (shimeji) nebo žampionů
- ½ zeleného chilli
- 100 g (3½ unce) fermentované sójové pasty doenjang
- 250 g (9 uncí) pevného tofu
- 1 lžička gochugaru chilli prášek (volitelně)

INSTRUKCE:
a) Zahřejte vodu v hrnci na vysokou teplotu. Kousek řasy dasima očistíme pod tekoucí vodou a přidáme do hrnce.
b) Mrkev nakrájejte na čtvrtky silné 1 cm (½ palce). Cibuli nakrájíme nahrubo . Když se voda vaří, přidejte mrkev a cibuli.
c) Cuketu nakrájejte na 1,5 cm (⅝ palce) tlustá čtvrtkolečka a přidejte je do vývaru, jakmile se vaření obnoví. Vařte 10 minut. Mezitím nakrájejte pórek na 1 cm (½ palce) silné diagonální plátky a tofu na
d) 2 cm (¾ palce) tlusté kostky. Odstraňte stonky mangadaku a omyjte je (u žampionů nakrájejte na čtvrtky). Chilli papričky nakrájejte na 1 cm (½ palce) silné části a dobře omyjte pod tekoucí vodou a odstraňte semínka.
e) Po 10 minutách přidejte doenjang , pórek, houby, tofu a chilli . Když se vaření obnoví, vařte 5 minut. Dokončete koření přidáním dalšího doenjangu podle vaší chuti. Pro pikantnější verzi přidejte gochugaru chilli prášek.

2. Grilované vepřové Maekjeok / Maekjeok

SLOŽENÍ:
- 3 lístky zeleného pórku
- 700 g (1 lb 9 oz) vepřová plec (s kostí)
- 80 g (2¾ oz) fermentované sójové pasty doenjang
- 2 lžíce omáčky matganjang
- 3 polévkové lžíce konzervovaného citronu
- 1 lžička mletého zázvoru
- 2 lžíce bílého alkoholu (soju nebo gin)
- 1 lžíce sezamového oleje

INSTRUKCE:
a) Listy pórku nakrájejte na 7 cm (2¾ palce) kousky. Vepřovou plec nakrájejte na 2 cm (¾ palce) silné plátky. Pomocí nože nařízněte každý plátek na obou stranách a vytvořte mřížkový vzor. Dávejte pozor, abyste neprořízli plátky. Smíchejte plátky masa a kousky pórku s doenjangem , mat ganjangem , konzervovaným citronem, zázvorem, alkoholem a sezamovým olejem.
b) Předehřejte troubu na 180 °C (350 °F). Vepřové plátky položte bez překrývání na grilovací rošt s pekáčem pod ním. Kolem masa položte kousky pórku s několika plátky konzervovaného citronu, je-li to žádoucí. Vařte 30 minut.
c) Po vytažení z trouby vyhoďte kousky pórku. Maso nakrájejte nůžkami na malé kousky velikosti sousta. Můžete to jíst jako ssambap , pokud chcete.

3. Hovězí zelná polévka/ Sogogi Baechu Doenjang-Guk

SLOŽENÍ:
- ½ čínského zelí
- 300 g (10½ unce) tlustého hovězího steaku
- 4 stroužky česneku
- 1 lžíce sezamového oleje
- 2 lžíce omáčky matganjang
- 1 litr (4 šálky) vody
- 70 g (2½ unce) fermentované sójové pasty doenjang

INSTRUKCE:
a) Polovinu čínského zelí nakrájejte na dvě čtvrtiny. Odstraňte základnu. Každou čtvrtinu nakrájejte na přibližně 2 cm (¾ palce) široké kousky. Omyjte a sceďte. Poklepejte hovězí maso papírovou utěrkou, aby absorbovala přebytečnou krev. Hovězí maso nakrájíme na kousky velikosti sousta. Rozdrťte česnek.
b) V hrnci na vysokou teplotu rozehřejte sezamový olej. Přidejte maso, česnek a mat ganjang. Restujte, dokud není vnější strana hovězího masa vařená. Zalijte vodou a přiveďte k varu. Přidejte zelí a doenjang. Nechte dalších 15 minut povařit na středním plameni.

4. Bossam Kimchi a pošírované vepřové maso/ Bossam

SLOŽENÍ:
PYŠENÉ VEpřové
- 600 g (1 lb 5 oz) nekořeněného vepřového bůčku
- 70 g (2½ unce) fermentované sójové pasty doenjang
- 4 stroužky česneku
- 20 velkých kuliček černého pepře
- ½ cibule
- 4 zelené listy z ½ pórku
- 250 ml (1 šálek) bílého alkoholu (soju nebo gin)

BOSSAM KIMČI
- 400 g (14 uncí) bílé ředkve (daikon)
- 6 lžic cukru
- 1 lžička mořské soli
- ½ hrušky
- 3 stonky česneku pažitky (nebo 2 stonky jarní cibulky / jarní cibulky, bez cibule)
- 3 stroužky česneku
- 20 g (¾ oz) chilli pasty gochujang
- 3 lžíce gochugaru chilli prášek
- 3 lžíce fermentované sardelové omáčky
- 2 lžíce zázvorového sirupu
- Strana čínského zelí
- ¼Čínské zelí ve slaném nálevu, okapané

INSTRUKCE:
a) V hrnci přiveďte k varu 1,5 litru (6 šálků) vody. Vepřové maso podélně rozkrojíme na dva kusy a ponoříme do vroucí vody. Přidejte doenjang , česnek, kuličky pepře, cibuli, lístky pórku a alkohol. Vařte 10 minut na vysokém ohni přikryté, poté 30 minut na středním plameni, částečně přikryté, poté 10 minut na mírném ohni.
b) Zatímco se vepřové vaří, nakrájejte bílou ředkev na 5 mm (¼ palce) zápalky. Marinujte s 5 lžícemi cukru a mořskou solí po dobu 30 minut, vždy promíchejte
c) 10 minut. Lehce opláchněte pod studenou vodou, poté sceďte a vymačkejte rukama, dokud nevytéká žádná tekutina.
d) Hrušku nakrájejte na 5 mm (¼ palce) zápalky a nakrájejte pažitku na 3 cm (1 ¼ palce) kousky. Rozdrťte česnek. V míse smícháme ředkvičku, hrušku, pažitku, česnek, gochujang, gochugaru , fermentovanou sardelovou omáčku, 1 lžíci cukru a zázvorový sirup.
e) Vepřové maso sceďte a nakrájejte na tenké plátky. Podávejte s bossam kimchi. Zelí naaranžujte v nálevu na stranu po odstranění prvních tří vnějších listů.
f) K jídlu zabalte maso a bossam kimchi pevně do zelného listu.

5. Omáčka Ssamjang

SLOŽENÍ:
- 40 g (1½ unce) chilli pasty gochujang
- 30 g (1 oz) fermentované sójové pasty doenjang
- 1 lžička cukru
- 1 lžíce sezamového oleje
- ½ lžičky sezamových semínek
- 2 prolisované stroužky česneku

INSTRUKCE:
a) Všechny ingredience smíchejte dohromady.
b) Omáčka vydrží v lednici v uzavřené nádobě 2 týdny.

6. Kimchi makrela/ Godeungeo Kimchi- Jorim

SLOŽENÍ:
- 500 g (1 lb 2 oz) makrela ½ cibule
- 10 cm (4 palce) pórek (bílá část)
- 30 g (1 unce) pikantní marinády
- 25 g (1 oz) fermentované sójové pasty doenjang
- 2 lžíce omáčky mat ganjang
- 1 lžíce zázvorového sirupu
- 50 ml (málo ¼ šálku) bílého alkoholu (soju nebo gin)
- 400 g (14 uncí) kimchi z čínského zelí
- 300 ml (1¼ šálku) vody

INSTRUKCE:
a) Vykuchejte makrelu; uříznout hlavu, ploutve a ocas.
b) Každou makrelu nakrájejte na tři části. Cibuli nakrájejte na 1 cm (½ palce) široké plátky. Pórek nakrájejte diagonálně na 1 cm (½ palce) silné části.
c) Omáčku připravíme smícháním pikantní marinády, doenjang , mat ganjang , zázvorového sirupu a alkoholu.
d) Umístěte kimchi bez nakrájení na dno hrnce (ideálně celé ¼ zelí). Navrch kimchi přidejte kousky makrely. Nalijte vodu a poté omáčku a ujistěte se, že je ryba dobře pokrytá. Přidejte cibuli. Přiveďte k varu na silném ohni, částečně zakryté, a poté vařte 30 minut na středním až mírném ohni. Přidejte pórek a ingredience jen jednou jemně promíchejte. Vařte dalších 10 minut.

7.Polévka z hřebenatek/ Sigeumchi Doenjang-Guk

SLOŽENÍ:
- 250 g (9 uncí) čerstvého špenátu
- 200 g (7 uncí) malé mušle
- 1,5 litru (6 šálků) vody, nejlépe ze 3. mytí bílé rýže
- 130 g (4½ unce) fermentované sójové pasty doenjang
- 4 lžíce omáčky matganjang
- Sůl

INSTRUKCE:
a) Čerstvý špenát důkladně omyjeme a scedíme. Hřebenatky propláchneme a scedíme.
b) Přiveďte vodu k varu. Přidejte fermentovanou sójovou pastu doenjang.
c) Když doenjang je dobře rozpuštěná, přidejte mušle.
d) Jakmile se vaření obnoví, vařte 5 minut a poté přidejte špenát. Špenát necháme asi 3 minuty zavadnout. Přidejte podložku ganjang. Zkontrolujte koření a podle potřeby dosolte.

8. Doenjang Jjigae (guláš ze sójových bobů)

SLOŽENÍ:
- 1 lžíce sezamového oleje
- 1 cibule, nakrájená
- 2 stroužky česneku, mleté
- 1 cuketa, nakrájená na plátky
- 1 brambor, oloupaný a nakrájený na kostičky
- 1 hrnek tofu, nakrájené na kostičky
- 3 polévkové lžíce doenjang
- 6 šálků vody nebo zeleninového vývaru
- Zelená cibule, nakrájená (na ozdobu)

INSTRUKCE:
a) V hrnci rozehřejte sezamový olej a orestujte česnek a cibuli, dokud nebudou voňavé.
b) Přidejte cuketu, brambory a tofu. Několik minut míchejte.
c) Doenjang rozpusťte ve vodě nebo vývaru a přidejte do hrnce.
d) Přiveďte k varu a poté vařte, dokud zelenina nezměkne.
e) Před podáváním ozdobte nakrájenou zelenou cibulkou.

9. Doenjang Bulgogi (marinované hovězí maso ze sójové pasty)

SLOŽENÍ:
- 1 libra hovězího masa nakrájeného na tenké plátky
- 3 polévkové lžíce doenjang
- 2 lžíce sójové omáčky
- 2 lžíce cukru
- 1 lžíce sezamového oleje
- 2 stroužky česneku, mleté
- 1 lžíce strouhaného zázvoru
- Černý pepř, podle chuti
- sezamová semínka (na ozdobu)

INSTRUKCE:
a) Smíchejte doenjang, sójovou omáčku, cukr, sezamový olej, česnek, zázvor a černý pepř v misce.
b) Ve směsi marinujte hovězí maso alespoň 30 minut.
c) Zahřejte pánev a za stálého míchání smažte marinované hovězí maso, dokud nebude vařené.
d) Před podáváním ozdobte sezamovými semínky.

10. Veganský Doenjang Jjigae (korejský fazolový guláš)

SLOŽENÍ:
- 15 g (½ unce) sušených hub shiitake (2-4, v závislosti na velikosti)
- 1 veganská taška yuksu nebo dashi
- 15 ml (1 polévková lžíce) sezamového oleje
- 50 g (1¾ oz) cibule
- 1 velký stroužek česneku, oloupaný
- 125 g (4½ unce) středně tuhého tvarohu
- ½ korejské cukety, asi 150 g (5 ⅓ oz)
- 50 g (1¾ oz) hub shimeji
- 50 g (1¾ oz) hub enoki
- 1 červený nebo zelený banán chilli
- ½ lžičky, nebo podle chuti gochugaru (korejské chilli vločky)
- 50 g (1¾ oz) doenjang (fermentovaná sójová pasta)
- 1 vejce (volitelné, pro vegetariány)
- 1 jarní cibulka

SLOUŽIT
- dušená korejská nebo japonská rýže
- banchan (korejské přílohy) dle vašeho výběru

INSTRUKCE:
a) Sušené houby shiitake opláchněte ve studené vodě, vložte je do misky a přidejte 300 ml (1 ¼ šálku) teplé vody. Nechte máčet při pokojové teplotě asi dvě hodiny, dokud nezměkne. Z hub vymačkejte vodu, namáčecí tekutinu si ponechte. Vyjměte a odložte stonky žampionů, poté kloboučky nakrájejte na tenké plátky.

b) Namáčecí tekutinu nalijte do malého hrnce, přidejte odložené stonky hub a na středním plameni přiveďte k varu. Vypněte oheň, přidejte sáček yuksu nebo dashi a nechte vyluhovat při přípravě ostatních surovin.

c) Nasekejte cibuli a nakrájejte česnek. Fazolový tvaroh nakrájíme na kostky velikosti sousta. Korejskou cuketu podélně rozčtvrťte a poté nakrájejte na tenké plátky. Odřízněte a vyhoďte dřevnatou spodní část stonků houby enoki . Houby enoki a shimeji nalámejte na malé shluky. Banánové chilli nakrájejte po diagonále na kousky silné asi 3 mm (⅛in).

d) Na středně mírném plameni zahřejte hrnec (nejlépe korejský kamenný hrnec), který pojme asi 750 ml (3 šálky) a přidejte sezamový olej. Přidejte cibuli a česnek a za častého míchání vařte, dokud cibule nezačne měknout. Do hrnce přisypte chilli vločky a za stálého míchání asi 30 sekund.
e) Vyjměte houbové stonky a sáček yuksu / dashi z namáčecí tekutiny a nalijte 250 ml (1 šálek) do hrnce, poté přidejte doenjang . Za častého míchání přiveďte k varu a ujistěte se, že je doenjang rozpuštěný. Přidáme nakrájené kloboučky hub shiitake, fazolový tvaroh a cuketu a dusíme, dokud dýně nezačne měknout. Vmícháme houby shimeji a banánové chilli a dusíme asi dvě minuty. Přidejte houby enoki a vařte, dokud nezačnou měknout.
f) Pokud používáte, rozklepněte vejce do malé misky. Posuňte ingredience v hrnci do stran, abyste vytvořili hluboký kráter, a zasuňte do něj vejce, dejte pozor, abyste nerozbili žloutek. Vařte několik minut, dokud vejce nezměkne.
g) Jarní cibulku nasekáme a rozsypeme na dušené maso. Ihned podáváme s dušenou rýží a banchanem.

11. Doenjang Bibimbap (směs rýže se zeleninou)

SLOŽENÍ:
- Vařená rýže
- 2 polévkové lžíce doenjang
- 1 lžíce sezamového oleje
- 1 mrkev, julienned
- 1 cuketa, julien
- 1 šálek fazolových klíčků, blanšírovaných
- 1 šálek špenátu, blanšírovaný
- Smažená vejce (jedno na porci)
- sezamová semínka (na ozdobu)

INSTRUKCE:
a) Doenjang smícháme se sezamovým olejem a vmícháme do uvařené rýže.
b) Na rýži naaranžujte julienned zeleninu a fazolové klíčky.
c) Před podáváním posypte sázeným vejcem a posypte sezamovými semínky.
d) Před konzumací vše promíchejte.

12.Doenjang Chigae Bokkeum (smažená zelenina ze sójových bobů)

SLOŽENÍ:
- 2 polévkové lžíce doenjang
- 1 lžíce gochujang (korejská pasta z červené papriky)
- 1 lžíce sójové omáčky
- 1 lžíce cukru
- 1 lžíce sezamového oleje
- Různé druhy zeleniny (žampiony, paprika, mrkev atd.)
- 2 stroužky česneku, mleté
- 1 lžíce rostlinného oleje

INSTRUKCE:
a) Smíchejte doenjang, gochujang, sójovou omáčku, cukr a sezamový olej v misce.
b) Na pánvi rozehřejte rostlinný olej a orestujte česnek, dokud nebude voňavý.
c) Přidejte rozmanitou zeleninu a za stálého míchání opékejte, dokud nezměkne.
d) Nalijte směs doenjang na zeleninu a míchejte, dokud se dobře nepokryje.
e) Vařte, dokud nebude zelenina zcela uvařená. Podávejte horké.

13. Doenjang Gui (Grilovaná sójová pasta s mořskými plody)

SLOŽENÍ:
- Různé mořské plody (krevety, chobotnice, mušle)
- 3 polévkové lžíce doenjang
- 2 lžíce mirinu
- 1 lžíce medu
- 1 lžíce sezamového oleje
- 2 stroužky česneku, mleté
- Zelená cibule, nakrájená (na ozdobu)

INSTRUKCE:
a) V misce smíchejte doenjang , mirin, med, sezamový olej a mletý česnek.
b) Ve směsi marinujte mořské plody 15-20 minut.
c) Marinované mořské plody grilujte až do vaření.
d) Před podáváním ozdobte nakrájenou zelenou cibulkou.

14.Doenjang Ramen

SLOŽENÍ:
- 2 polévkové lžíce doenjang
- 4 hrnky zeleninového nebo kuřecího vývaru
- 2 balení ramen nudlí
- 1 šálek nakrájených hub
- 1 šálek baby bok choy, nasekané
- 1 mrkev, nakrájená na tenké plátky
- 1 lžíce sezamového oleje

INSTRUKCE:
a) V hrnci rozpusťte doenjang ve vývaru a přiveďte k varu.
b) Uvařte ramenové nudle podle návodu na obalu.
c) Do vývaru přidejte houby, bok choy a mrkev. Dusíme, dokud zelenina nezměkne.
d) Vmíchejte sezamový olej a podávejte na uvařených ramen nudlích.

15.Doenjang Tofu salát

SLOŽENÍ:
- 1 blok pevného tofu, nakrájený na kostky
- 3 polévkové lžíce doenjang
- 2 lžíce rýžového octa
- 1 lžíce sójové omáčky
- 1 lžíce sezamového oleje
- Míchaný zeleninový salát
- Cherry rajčata, rozpůlená
- Okurka, nakrájená na plátky

INSTRUKCE:
a) Smíchejte doenjang , rýžový ocet, sójovou omáčku a sezamový olej.
b) Do dresingu vhoďte nakrájené tofu a nechte 15 minut marinovat.
c) Na talíř naaranžujte zelený salát, cherry rajčata a okurku.
d) Navrch dejte marinované tofu a podle potřeby pokapejte extra dresinkem.

16.Palačinky Doenjang (Bindaetteok)

SLOŽENÍ:
- 1 hrnek namočených a mletých fazolí mungo
- 2 polévkové lžíce doenjang
- 1/2 šálku nakrájeného kimchi
- 1/4 šálku nakrájené zelené cibule
- 2 lžíce rostlinného oleje

INSTRUKCE:
a) V misce smíchejte mleté mungo fazole, doenjang, kimchi a zelenou cibulku.
b) Na pánvi rozehřejte olej. Směs nalijte do pánve a vytvořte malé palačinky.
c) Vařte do zlatova z obou stran.
d) Podávejte s omáčkou ze sójové omáčky, rýžového octa a sezamového oleje.

GOCHUJANG (fermentovaná ČERVENÁ CHILI PASTA)

17.Gochujang Studené nudle

SLOŽENÍ:
- 2 stroužky česneku, rozdrcené
- 3 lžíce gochujang, pálivá kořeněná pasta
- 1 kousek čerstvého zázvoru o velikosti palce, oloupaný a nastrouhaný
- ¼ šálku rýžového vinného octa
- 1 lžička sezamového oleje
- 4 ředkvičky, nakrájené na tenké plátky
- 2 lžíce sójové omáčky
- 4 vejce, měkké pošírované
- 1 ½ šálku pohankových nudlí, uvařených, scezených a osvěžených
- 1 telegrafní okurka, nakrájená na velké kousky
- 2 čajové lžičky, 1 od každého černého a bílého sezamového semínka
- 1 šálek kimchi

INSTRUKCE:
a) Přidejte horkou omáčku, česnek, sójovou omáčku, zázvor, vinný ocet a sezamový olej do mísy a promíchejte .
b) Vložte nudle a dobře promíchejte, ujistěte se, že jsou obalené v omáčce.
c) Vložte do servírovacích misek, nyní do každé přidejte ředkvičky, kimchi, vejce a okurku.
d) Dokončete posypem semen.

18.Smažené Tteokbokki S Chilli pasta/ Tteokbokki

SLOŽENÍ:
- 4 vejce
- 2 stonky jarní cibulky (cibulky) (bez cibulí)
- 200 g (7 uncí) rybí pasty
- 500 ml (2 šálky) vody
- 1 kostka zeleninového vývaru
- 4 lžíce cukru
- 300 g (10½ unce) tteokbokki tteok
- 40 g (1½ unce) chilli pasty gochujang
- 1 lžíce gochugaru chilli prášek
- 1 lžíce sójové omáčky
- ½ lžičky česnekového prášku

INSTRUKCE:
a) Vejce uvaříme natvrdo . Jarní cibulky nakrájejte na 5 cm (2 palce) plátky a poté podélně napůl. Rybí pastu nakrájejte diagonálně na části o tloušťce 1,2 cm (½ palce).
b) Nalijte vodu do pánve. Přidejte kostku vývaru a cukr. Přiveďte k varu, poté okamžitě snižte plamen na střední a vložte tteokbokki tteok . Vařte 5 minut, míchejte, aby se nepřilepily ke dnu pánve nebo k sobě, v případě potřeby je oddělte. Přidejte gochujang, gochugaru , sójovou omáčku, česnekový prášek a rybí pastu.
c) Vařte 10 minut za pravidelného míchání, než přidáte oloupaná natvrdo uvařená vejce a jarní cibulku. Vaření je hotové , když tteokbokki tteok jsou měkké a omáčka se zredukovala na polovinu a dobře obaluje ingredience.

19. Špízy Tteok se sladkokyselou omáčkou/ Tteok-Kkochi

SLOŽENÍ:
- 36 tteokbokki tteok
- 3 lžíce kečupu
- 2 lžíce cukru
- 1 lžička česnekového prášku
- 3 lžíce sójové omáčky
- ½ lžičky gochugaru chilli prášek
- 15 g (½ unce) chilli pasty gochujang
- 50 ml (nedostatek ¼ šálku) vody
- 2 lžíce kukuřičného sirupu Neutrální rostlinný olej

INSTRUKCE:
a) Přiveďte k varu hrnec s vodou. Ponořte tteokbokki Ponořte do vroucí vody na 3 minuty, poté sceďte. Když mírně vychladnou, navlékněte je na šest dřevěných špejlí (šest tteok na špejli). Pokud tteokbokki tteok byly právě vyrobeny, přeskočte tento první krok a připravte špejle, aniž byste je nechali 30 minut sušit.

b) Smíchejte kečup, cukr, česnekový prášek, sójovou omáčku, gochugaru, gochujang a 50 ml (málo ¼ šálku) vody v hrnci. Přiveďte k varu a snižte plamen na minimum. Vařte 5 minut za mírného míchání. Stáhněte oheň a postupně vmíchejte kukuřičný sirup.

c) Nalijte rostlinný olej do pánve do poloviny výšky tteokbokki tteok. Zahřejte a opékejte každou špíz 3 minuty z obou stran.

d) Špízy položte na tác a pomocí cukrářského štětce potřete každou stranu omáčkou. Užívat si.

20.Korejské smažené kuře / Dakgangjeong

SLOŽENÍ:
- 700 g (1 lb 9 oz) kuřecích prsou, kůže
- 150 ml (štědře ½ šálku) mléka
- 2 lžičky soli
- 1 lžička jemné papriky
- 1 lžička jemně žlutého kari
- 2 lžičky česnekového prášku
- 600 g (1 lb 5 oz) korejského těsta na lívanec
- 1 litr (4 šálky) neutrálního rostlinného oleje
- 3 drcené mandle (nebo arašídy)

YANGNYEOM OMÁČKA
- ¼ jablka ½ cibule
- 3 stroužky česneku
- 100 ml (malý ½ šálku) vody
- 5 lžic kečupu
- 20 g (¾ oz) chilli pasty gochujang
- 1 lžíce gochugaru chilli prášek
- 4 lžíce sójové omáčky
- 2 lžíce cukru
- 5 lžic kukuřičného sirupu
- 1 dobrá špetka pepře

INSTRUKCE:
a) Kuřecí prsa nakrájejte na kousky o velikosti zhruba sousta (A). Kuřecí kousky (B) zalijte mlékem. Přikryjte a nechte 20 minut odpočívat.

b) Sceďte kuře pomocí cedníku. Kuřecí kousky dejte do mísy se solí, paprikou, kari a česnekovým práškem. Do kuřete vmasírujte koření. Smíchejte s lívancovým těstem.

c) Zahřejte olej na 170 °C (340 °F). Chcete-li zkontrolovat teplotu, nechte do oleje spadnout kapku těsta: pokud okamžitě vystoupí na povrch, je teplota správná. Ujistěte se, že je každý kus kuřete dobře obalený těstem a vhoďte je do oleje (C). Kuřecí kousky by se v oleji neměly k sobě lepit. Smažte asi 5 minut. Kuře vyjmeme a necháme 5 minut okapat na mřížce. Znovu smažte 3 minuty a nechte 5 minut okapat .

d) Na omáčku yangnyeom rozmačkejte jablko, cibuli a česnek v malém kuchyňském robotu. Smíchejte s vodou, kečupem, gochujangem, gochugaru , sójovou omáčkou, cukrem, kukuřičným sirupem a pepřem. Směs zahřejte na pánvi nebo pánvi na vysoké ohni. Když se omáčka vaří, těsně před varem snižte plamen. Jednou nebo dvakrát velmi jemně promíchejte. Vařte 7 minut za míchání. Přidejte smažené kuře a zahřejte na středním plameni. Kuře opatrně potřete omáčkou (D) a poté 2 minuty vařte. Podávejte posypané drcenými mandlemi nebo arašídy (EF).

e) PŘIDAT Toto kuře můžete podávat s nakrájenými nakrájenými okurkami z bílé ředkve a ozdobit několika plátky konzervovaného citronu, opečeného v troubě, pokud chcete.

21.Squid Rolls S Crudités/ Ojingeo -Mari

SLOŽENÍ:
- 4 olihně trubice
- ½ červené kapie (pepř)
- ½ žluté kapie (pepř)
- mrkev
- 10 cm (4 palce) kousek okurky
- 20 plátků bílé ředkvičky na kolečka

PÁLIVÁ OMÁČKA
- 25 g (1 unce) chilli pasty gochujang
- 1 lžíce jablečného nebo jablečného octa
- 1 lžíce cukru
- 1 lžíce konzervovaného citronu
- ½ lžíce sójové omáčky
- 1 lžička sezamového oleje
- 1 špetka sezamových semínek

NEPIRATELNÁ OMÁČKA
- 1 lžíce sójové omáčky
- ½ lžičky cukru
- 2 lžíce jablečného nebo jablečného octa
- ½ lžičky hořčice
- 2 pažitka, nakrájená

INSTRUKCE:

a) V případě potřeby odstraňte obaly z olihní trubice a centrální průhledný zobák, poté omyjte a sceďte. Otevřete trubky napůl. Na vnějším povrchu chobotnice narýsujte velmi těsný vzor mřížky ostrým nožem bez propíchnutí.
b) Přiveďte k varu hrnec s osolenou vodou. Ponořte zkumavky s olihněmi do vody. Vařte 5 minut, poté sceďte. Nechte vychladnout.
c) Nakrájejte kapie a mrkev na 5 mm (¼ palce) zápalky. Pomocí nože odstraňte střední část okurky se semeny; bude použita pouze vnější část . Nakrájejte na zápalky.
d) Do každé zkumavky s olihněmi naaranžujte 5 plátků nakládané bílé ředkve, trochu mrkve, okurky a kapie. Zavřete srolováním. Roli propíchněte každé 2 cm (¾ palce) párátky. Mezi každým párátkem krájejte, abyste vytvořili malé válečky.
e) Smíchejte dohromady vybrané ingredience omáčky (kořeněné nebo nepálivé) a vychutnejte si namáčení chobotnicových závitků v omáčce.

22.Pikantní salát z bílé ředkve/Mu- Saengchae

SLOŽENÍ:
- 450 g (1 lb) bílé ředkve (daikon)
- ½ lžíce soli 3 lžíce cukru
- 1 nať jarní cibulky (cibulky) (bez cibule)
- 3 stroužky česneku
- 15 g (½ unce) gochugaru chilli prášek
- 4 lžíce jablečného nebo jablečného octa
- 1 lžíce fermentované sardelové omáčky
- 1 lžička sezamových semínek
- ½ lžičky mletého zázvoru
- Sůl

INSTRUKCE:
a) Bílou ředkev nakrájíme na tyčinky. Smíchejte ředkvičky se solí a cukrem, nechte 10 minut stát a poté slijte šťávu. Jarní cibulku nakrájejte na 5 mm (¼ palce) plátky a prolisujte česnek.
b) Po 10 minutách odstátí smíchejte všechnu zeleninu v míse s okapanou bílou ředkvičkou. Přidejte gochugaru , ocet, sardelovou omáčku, sezamová semínka a mletý zázvor. Dobře promícháme a necháme minimálně 30 minut odstát, aby ředkvička nabrala chuť koření.
c) Podáváme vychlazené, podle potřeby dochutíme trochou soli.

23. Pureed Tofu/Kimchi Stew

SLOŽENÍ:
- 300 g (10½ unce) vepřové plece bez kosti
- 280 g (10 uncí) kimchi z čínského zelí
- 2 stroužky česneku
- ½ lžičky cukru
- ½ lžičky sezamového oleje
- 700 g (1 lb 9 oz) pevného tofu
- 2 lžíce neutrálního rostlinného oleje
- 1 lžička gochugaru chilli prášek (volitelně)
- 400 ml (1½ šálku) vody
- 10 cm (4 palce) pórek (bílá část)
- 2 lžíce fermentované sardelové omáčky
- Sůl

INSTRUKCE:
a) Vepřovou plec nakrájejte na 1 cm (½ palce) kostky. Umístěte kimchi do misky a pomocí nůžek je nakrájejte na malé kousky.
b) Rozdrťte česnek a přidejte ke kimchi spolu s cukrem a sezamovým olejem. Přidejte vepřové maso a dobře promíchejte rukama.
c) Tofu rozdrťte šťouchadlem na brambory, ujistěte se, že nezůstaly žádné velké kousky.
d) V hrnci zahřejte rostlinný olej. Když je horké, přidejte směs vepřového masa a kimchi. Smažte 8 minut a přidejte gochugaru chilli prášek pro pikantnější verzi.
e) Přidejte vodu. Přiveďte k varu a vařte 10 minut. Mezitím si nakrájíme pórek na tenké proužky. Do kastrůlku s fermentovanou sardelovou omáčkou přidejte drcené tofu. Vařte 5 minut. Zkontrolujte koření a podle potřeby dochuťte solí. Přidejte pórek a vařte 5 minut. Podávejte horké.

24.Domácí Bibimbap / Bibimbap

SLOŽENÍ:
- 1 lžička neutrální
- rostlinný olej
- 1 vejce
- 1 miska vařené bílé rýže, horké
- 1 hrst restované bílé ředkve
- 1 hrst sezamového špenátu
- 1 hrst pikantního salátu z bílé ředkve
- 1 hrst sezamu
- fazolové klíčky
- 1 hrst restovaných hub
- 1 hrst restované cukety
- Omáčka z piniových oříšků nebo sezamových semínek
- 20 g (¾ oz) chilli pasty gochujang
- 1 lžíce sezamového oleje

INSTRUKCE:
a) Potřete pánev o průměru 9 cm (3½ palce) rostlinným olejem. Na středním plameni rozehřejte olej. Do pánve rozbijte vejce. Lžící jemně posuňte žloutek vajíčka tak, aby zůstal uprostřed. Takto držte žloutek, dokud neztuhne. Snižte teplotu na minimum a smažte, dokud se bílek neuvaří.

b) Na dno servírovací misky vyklopte misku horké rýže. Umístěte vejce na vrch rýžové kopule se žloutkem pěkně uprostřed. Kolem vajíčka naaranžujte restovanou bílou ředkev, sezamový špenát, pikantní salát z bílé ředkve, sezamové klíčky, restované žampiony a restovanou cuketu. Stejná barva přísady by se neměly vzájemně dotýkat. Navrch posypte pár piniovými oříšky nebo sezamovými semínky.

c) Smíchejte ingredience na omáčku a nakapejte přímo do servírovací mísy. Pro méně pikantní verzi nahraďte gochujang sójovou omáčkou.

d) Chcete-li jíst bibimbap , smíchejte všechny ingredience lžící a nakrájejte vejce na kousky. ingredience a omáčka musí být rovnoměrně rozloženy.

25.Studené nudle Kimchi / Bibim-Guksu

SLOŽENÍ:
- 1 vejce
- 120 g (4¼ unce) kimchi z čínského zelí
- 1 lžička cukru
- 1 lžička sezamového oleje
- 5 cm (2 palce) okurky
- 200 g (7 uncí) nudlí somyeon (somen)

OMÁČKA
- 60 g (2¼ unce) chilli pasty gochujang
- 5 lžic jablečného nebo jablečného octa
- 3 lžíce cukru
- 3 lžíce sójové omáčky
- 2 lžičky česnekového prášku
- 2 lžičky sezamového oleje
- 2 lžičky sezamových semínek
- 1 špetka pepře

INSTRUKCE:
a) Vejce ponořte do hrnce se studenou vodou a přiveďte k varu. Vařte 9 minut, poté vajíčko osvěžte pod studenou vodou a oloupejte. Kimchi omyjte a vymačkejte v rukou, abyste odstranili šťávu, poté nakrájejte na malé kousky. Dobře promíchejte s cukrem a sezamovým olejem. Okurku nakrájíme na tyčinky.
b) Všechny ingredience na omáčku smícháme dohromady.
c) V hrnci přiveďte k varu osolenou vodu a vložte nudle somyeon. Když se voda znovu vaří, přidejte 200 ml (velký ¾ šálku) studené vody. Opakujte tento postup podruhé.
d) Při třetím varu nudle scedíme. Spusťte je pod studenou vodou a rukou jimi promněte, abyste odstranili co nejvíce škrobu.
e) Uspořádejte nudle doprostřed servírovacích misek. Do každé misky nalijte trochu omáčky a navrch položte kimchi a okurku. Doprostřed každé misky dejte polovinu natvrdo uvařeného vejce. Během jídla smíchejte všechny ingredience dohromady.

26. Vepřové bulgogi / Dwaeji-Bulgogi

SLOŽENÍ:
- 700 g (1 lb 9 oz) vepřové plece
- 2 lžíce zázvorového sirupu
- 1 lžíce cukru
- 1 mrkev
- cuketa (cuketa)
- 1 cibule
- 10 cm (4 palce) pórek (bílá část)
- 60 g (2¼ unce) pikantní marinády
- 20 g (¾ oz) chilli pasty gochujang
- 6 lžic sojové omáčky
- 1 lžíce fermentované sardelové omáčky
- 2 lžíce bílého alkoholu (soju nebo gin)

INSTRUKCE:
a) Vepřové maso nakrájíme na tenké plátky. Vepřové plátky marinujte v zázvorovém sirupu a cukru po dobu 20 minut.
b) Mrkev nakrájejte na tři části, pak každou podélně napůl a nakonec na podélné proužky. Cuketu nakrájejte na dvě části, pak každou podélně napůl a nakonec na podélné proužky. Nakrájejte cibuli na polovinu a poté na plátky široké 1 cm (½ palce). Pórek nakrájejte diagonálně na 1 cm (½ palce).
c) Maso smícháme s pikantní marinádou, gochujangem, sójovou omáčkou, fermentovanou sardelovou omáčkou a alkoholem. Rozpalte pánev. Rozpálené přidejte maso a za stálého míchání opékejte 20 minut na prudkém ohni.
d) Přidejte zeleninu. Za stálého míchání smažte 10 minut. Když zelenina trochu změkne, podáváme horké. Můžete to také jíst jako ssambap , pokud chcete.

CHEONGUKJANG (RYCHLE FERMENTOVANÁ SÓJA)

27. Cheonggukjang Stew (Cheonggukjang Jjigae)

SLOŽENÍ:
- 1 šálek cheonggukjang
- 1/2 šálku tofu, nakrájené na kostky
- 1/2 šálku cukety, nakrájené na plátky
- 1/2 šálku žampionů, nakrájených na plátky
- 1/4 šálku cibule, nakrájené na tenké plátky
- 2 stroužky česneku, mleté
- 1 zelená cibule, nakrájená
- 1 lžíce sójové omáčky
- 1 lžička sezamového oleje
- 4 šálky vody

INSTRUKCE:
a) V hrnci přivedeme k varu vodu.
b) Přidejte cheonggukjang a snižte teplotu, aby se vařil.
c) Přidejte tofu, cuketu, houby, cibuli a česnek.
d) Vařte, dokud zelenina nezměkne.
e) Dochuťte sójovou omáčkou a sezamovým olejem.
f) Ozdobte nakrájenou zelenou cibulkou.

28. Cheonggukjang Bibimbap

SLOŽENÍ:
- 2 šálky vařené rýže
- 1 šálek cheonggukjang
- 1 šálek špenátu, blanšírovaný
- 1 šálek fazolových klíčků, blanšírovaných
- 1 mrkev, oloupaná a orestovaná
- 1 cuketa, oloupaná a orestovaná
- 2 smažená vejce
- Sezamový olej, na pokapání
- Sojová omáčka, k podávání

INSTRUKCE:
a) Vložte rýži do misky.
b) Navrch naaranžujte cheonggukjang , špenát, fazolové klíčky, mrkev a cuketu.
c) Navrch dejte sázené vejce.
d) Pokapeme sezamovým olejem a podáváme se sójovou omáčkou.

29. Palačinky Cheonggukjang (Cheonggukjang Buchimgae)

SLOŽENÍ:
- 1 šálek cheonggukjang
- 1/2 šálku univerzální mouky
- 1/4 šálku vody
- 1/2 cibule, nakrájené na tenké plátky
- 1/2 mrkve, julienned
- Rostlinný olej na smažení
- Sojová omáčka

INSTRUKCE:
a) V misce smíchejte cheonggukjang, mouku a vodu, abyste vytvořili těsto.
b) Do těsta přidejte nakrájenou cibuli a nakrájenou mrkev.
c) Na pánvi na středním plameni rozehřejte olej.
d) Nalijte těsto do pánve, abyste vytvořili palačinky.
e) Smažíme z obou stran dozlatova.
f) Podávejte se sójovou omáčkou.

31. Cheonggukjang a Kimchi smažená rýže

SLOŽENÍ:
- 2 šálky vařené rýže
- 1 šálek cheonggukjang
- 1 šálek kimchi, nakrájené
- 1/2 šálku vepřového bůčku nebo tofu, nakrájeného na kostičky
- 1/4 šálku zelené cibule, nakrájené
- 2 stroužky česneku, mleté
- 2 lžíce sójové omáčky
- 1 lžíce sezamového oleje
- 1 smažené vejce (volitelné)

INSTRUKCE:
a) Na pánvi rozehřejte olej a orestujte vepřový bůček nebo tofu dozlatova.
b) Přidejte mletý česnek, cheonggukjang a kimchi. Dobře promíchejte.
c) Přidejte uvařenou rýži a za stálého míchání smažte, dokud se neprohřeje.
d) Dochuťte sójovou omáčkou a sezamovým olejem.
e) Navrch posypte nakrájenou zelenou cibulkou a případně sázeným vejcem.

32.Cheonggukjang a zeleninová restování

SLOŽENÍ:
- 1 šálek cheonggukjang
- 2 šálky míchané zeleniny (paprika, brokolice, mrkev atd.)
- 1/2 šálku pevného tofu, nakrájeného na kostky
- 2 lžíce sójové omáčky
- 1 lžíce sezamového oleje
- 1 lžíce rostlinného oleje
- Sezamová semínka na ozdobu

INSTRUKCE:
a) Zahřejte rostlinný olej ve woku nebo pánvi.
b) Přidejte tofu a za stálého míchání opékejte dozlatova.
c) Přidáme rozmixovanou zeleninu a vaříme do mírného změknutí.
d) Vmíchejte cheonggukjang , sójovou omáčku a sezamový olej.
e) Vařte, dokud se dobře nespojí a neprohřeje.
f) Před podáváním ozdobte sezamovými semínky.

SSAMJANG (MÁČÁCÍ OMÁČKA)

33. Hovězí bulgogi Ssambap (Bulgogi Ssambap)

SLOŽENÍ:
- 700 g (1 lb 9 oz) prvotřídního hovězího žebra, nakrájeného na velmi tenké plátky

MARINÁDA NA GRILOVÁNÍ
- 1 lžíce sezamového oleje
- ½ cibule
- 3 houby pyogo (shiitake) nebo žampiony
- ½ mrkve
- 10 cm (4 palce) pórek (bílá část)

NÁPLŇ SSAMBAP
- ½ hlávkového salátu Vařená bílá rýže, horká
- Ssamjang omáčka
- 1 endivii
- Okurky z bílé ředkve

INSTRUKCE:
a) Nakrájejte na tenké plátky nakrájené hovězí maso na nudličky velikosti sousta. Maso přelijte grilovací marinádou a sezamovým olejem a promíchejte, aby se maso dobře obalilo. Nechte v lednici odpočinout alespoň 12 hodin.
b) Cibuli a houby nakrájejte na proužky, mrkev na tyčinky a pórek na 5 mm (¼ palce) plátky diagonálně.
c) Rozpalte pánev. Když je horké, vložte maso s marinádou do pánve a rozetřete po celém povrchu. Přidejte zeleninu. Pravidelně míchejte asi 10 minut, dokud není maso úplně propečené.
d) Omyjte cos listy a naplňte je rýží o velikosti sousta a nádechem omáčky ssamjang . Listy endivie omyjte a naplňte plátkem kyselé okurky z bílé ředkve, malým množstvím rýže a nádechem omáčky ssamjang . Jezte listy plněné masem.
e) Maso lze uchovávat syrové v marinádě v lednici až 2 dny.

34. Korejské grilované vepřové maso (Samgyeopsal)

SLOŽENÍ:
- 1 kg (2 lb 4 oz) nekořeněného vepřového bůčku, nakrájeného na plátky
- 8 knoflíkových hub
- 2 houby saesongyi (hlíva královská)
- 1 cibule
- 300 g (10½ unce) kimchi z čínského zelí
- Ssamjang omáčka
- Mořská sůl a pepř

SMAŽENÁ RÝŽE
- 2 misky vařené bílé rýže
- 1 žloutek
- 200 g (7 uncí) kimchi z čínského zelí
- Trochu gim mořských řas (nori)
- 1 lžíce sezamového oleje

INSTRUKCE:

a) Rozpalte litinovou grilovací pánev, pánev nebo stolní gril. Když je rozpálený, položte na rozpálenou pánev nebo gril plátky vepřového bůčku.

b) Posypte mořskou solí a pepřem. Po 3 až 5 minutách, kdy krev vystoupí na viditelné straně masa, otočte. První strana by měla být hnědá. Kolem masa přidejte připravenou zeleninu (viz níže). Vařte 3 až 5 minut; když krev vystoupí na povrch, otočte se znovu. Po 3 minutách maso nařízněte nůžkami. Každý host se pak může obsloužit sám.

ZELENINA

c) Knoflíkové houby: Odstraňte stopku. Položte houbový pohár dnem vzhůru na gril. Když se šálek naplní šťávou, přidejte trochu soli. Užívat si. Houby Saesongyi: Nakrájejte na 5 mm (¼ palce) plátky shora dolů. Opečte každou stranu do zlatova. Jezte s omáčkou ssamjang.

d) Cibule: Nakrájejte na kolečka silná 1 cm (½ palce). Opečte každou stranu do zlatova. Zabalit do a ssam nebo jednoduše namáčet v omáčce ssamjang.

e) Kimchi z čínského zelí: Konzumuje se syrové, ale lze ho vařit i na grilu.

SMAŽENÁ RÝŽE
f) Ke konci grilování, kdy na grilu zbývá jen pár ingrediencí, můžete jídlo zakončit přípravou smažené rýže.
g) K tomu přidejte smažené rýžové přísady a smíchejte je s těmi, které jsou již na grilu.
h) Můžete přidat i trochu pórkového salátu a podle chuti orestovat spolu s rýží.

35. Ssamjang Pork Belly Wraps (Samgyeopsal Ssam)

SLOŽENÍ:
- 1 lb plátky vepřového bůčku
- Ssamjang
- Listy salátu
- Stroužky česneku, mleté
- Nakrájené zelené cibule
- sezamový olej
- Dušená rýže

INSTRUKCE:
a) Plátky vepřového bůčku grilujte až do vaření.
b) Položte list salátu na dlaň.
c) Přidejte lžíci dušené rýže a kousek grilovaného bůčku.
d) Namažte ssamjang na vepřové maso.
e) Přidejte nasekaný česnek, nakrájenou zelenou cibulku a kapku sezamového oleje.
f) Zabalte a užívejte si!

36.Ssamjang Tofu Salátové zábaly

SLOŽENÍ:
- Pevné tofu, nakrájené na obdélníky
- Ssamjang
- Listy salátu
- Strouhaná mrkev
- Okurka, julienned
- sezamová semínka

INSTRUKCE:
a) Tofu opečte na pánvi do zlatova.
b) Na list salátu položte plátek tofu.
c) Na tofu namažte ssamjang .
d) Přidejte nakrájenou mrkev a nakrájenou okurku.
e) Navrch posypte sezamová semínka.
f) Složte a zajistěte párátkem.

37. Hovězí rýžové misky Ssamjang

SLOŽENÍ:
- 1 lb na tenké plátky nakrájeného hovězího masa (ribeye nebo svíčková)
- Ssamjang
- Vařená bílá rýže
- Kimchi
- Nakrájené ředkvičky
- sezamová semínka

INSTRUKCE:
a) Za stálého míchání smažte nakrájené hovězí maso, dokud se neuvaří.
b) Do uvařené rýže vmícháme ssamjang.
c) Hovězí maso podávejte na rýži ssamjang.
d) Přidejte stranu kimchi a nakrájené ředkvičky.
e) Před podáváním posypte sezamovými semínky.

38.Zeleninový talíř Ssamjang

SLOŽENÍ:
- Ssamjang
- Různé druhy čerstvé zeleniny (okurka, paprika, mrkev)
- Plátky sladkých brambor v páře
- Korejské listy perilly (kkaennip)
- Sezamový olej na namáčení

INSTRUKCE:
a) Zeleninu nakrájejte na tenké proužky.
b) Rozložte zeleninu a plátky sladkých brambor na talíř.
c) Umístěte misku ssamjang do středu.
d) Pokapejte ssamjang sezamovým olejem .
e) před jídlem ponořte do ssamjangu .

ČUNJANG (OMÁČKA Z ČERNÝCH FAZEL)

39. Tteokbokki s pastou z černých fazolí / Jjajang-Tteokbokki

SLOŽENÍ:
- 300 g (10½ unce) tteokbokki tteok
- 150 ml (velký ½ šálku) vody
- 3 lžíce cukru
- 150 g (5½ unce) bílého zelí
- mrkev
- ½ červené cibule
- 1 jarní cibulka (cibulka)
- 2 cm (¾ palce) pórku (bílá část)
- 150 g (5½ unce) vepřového bůčku
- 150 g (5½ unce) rybí pasty
- 2 lžíce neutrálního rostlinného oleje
- 50 g (1¾ oz) nesmažené pasta z černých fazolí chunjang
- 1 lžíce sójové omáčky
- 1 lžíce zázvorového sirupu

INSTRUKCE:
a) Postavte tteokbokki ve vodě s cukrem na 20 minut.
b) Bílé zelí nakrájejte na 5 cm (2 palce) dlouhé a 1 cm (½ palce) široké proužky. Mrkev nakrájíme na tyčinky a cibuli na tenké proužky. Cibulku jarní cibulky nakrájejte na proužky a stonek diagonálně na 3 cm (1¼ palce) dlouhé části a nakrájejte pórek.
c) Vepřový bůček nakrájíme na malé kostičky. Rybí pastu nakrájejte diagonálně na 1 cm (½ palce) silné části.
d) Na pánvi rozehřejte olej a chunjang pastu na vysokou teplotu. Jakmile se začne vařit, nepřetržitě míchejte po dobu 5 minut. Osmažený chunjang nalijte do jemného síta nad miskou. Nechte několik minut odkapat, aby se olej získal zpět. Na pánev nalijte olej a přidejte pórek. Zahřívejte na mírném ohni.
e) Když pórek navoní, přidejte kostky vepřového masa, sójovou omáčku a zázvorový sirup. Za stálého míchání smažte 3 minuty na vysoké teplotě. Přidejte zbývající zeleninu (kromě natě jarní cibulky), rybí pastu a chunjang. Během vaření 5 minut míchejte.
f) Přidejte tteokbokki tteok a namáčení vody do pánve.
g) Nechte 10 až 15 minut povařit na středním plameni. Pět minut před koncem vaření přidáme nať jarní cibulky. Podávejte horké.

40.Jajangmyeon (černé fazolové nudle)

SLOŽENÍ:
- 200 g Chunjang
- 200 g vepřového bůčku, nakrájeného na kostičky
- 2 šálky cibule, jemně nakrájené
- 1 šálek cukety, nakrájené na kostičky
- 1 hrnek brambor, nakrájených na kostičky
- 1 hrnek mrkve, nakrájené na kostičky
- 4 šálky vařených nudlí (nejlépe pšeničných)

INSTRUKCE:
a) Zahřejte Chunjang ve woku nebo velké pánvi.
b) Přidejte na kostičky nakrájený vepřový bůček a vařte do zhnědnutí.
c) Přidejte cibuli, cuketu, brambory a mrkev. Za stálého míchání smažte, dokud zelenina nezměkne.
d) Zalijeme hrnkem vody a dusíme, dokud omáčka nezhoustne.
e) Omáčku podávejte na uvařených nudlích.

41.Jajangbap (mísa na rýži s černými fazolemi)

SLOŽENÍ:
- 200 g Chunjang
- 200 g mletého hovězího masa
- 1 šálek cibule, nakrájené na kostičky
- 1 šálek zeleného hrášku
- 1 šálek vařené rýže

INSTRUKCE:
a) Zahřejte Chunjang na pánvi.
b) Přidejte mleté hovězí maso a vařte do zhnědnutí.
c) Přidejte cibuli a zelený hrášek, míchejte, dokud zelenina nezměkne.
d) Zalijeme hrnkem vody a necháme dusit, dokud omáčka nezhoustne.
e) Omáčku podávejte nad miskou vařené rýže.

42. Jajang Tteokbokki (rýžový dort s černými fazolemi)

SLOŽENÍ:

- 200 g Chunjang
- 1 hrnek rýžových koláčků
- 1 šálek rybích koláčů, nakrájených na plátky
- 1 šálek zelí, nakrájené
- 2 šálky vody

INSTRUKCE:

a) Zahřejte Chunjang na pánvi.
b) Přidejte rýžové koláčky, rybí koláče a zelí.
c) Zalijte vodou a vařte, dokud omáčka nezhoustne a rýžové koláčky nezměknou.
d) Podávejte horké.

43.Jajang Mandu (knedlíky z černých fazolí)

SLOŽENÍ:
- 200 g Chunjang
- 1 hrnek mletého vepřového masa
- 1 šálek tofu, rozdrobené
- 1 šálek cibule, jemně nakrájené
- Obaly na knedlíky

INSTRUKCE:
a) Smíchejte Chunjang , mleté vepřové maso, tofu a cibuli v misce.
b) Položte lžíci směsi na knedlíkový obal.
c) Knedlíky přeložíme a uzavřeme.
d) Knedlíky opečte v páře nebo na pánvi, dokud nebudou uvařené.
e) Podávejte s omáčkou z Chunjang smíchanou se sójovou omáčkou.

YANGNYEOM JANG (KOŘITELNÁ SÓJOVÁ OMÁČKA)

44.Pikantní marináda/ Maeun Yangnyeomjang

SLOŽENÍ:
- 2 cibule
- 2 hlavy česneku
- 260 g (9¼ oz) gochugaru chilli prášek
- 200 ml (velký ¾ šálku) fermentované sardelové omáčky
- 200 ml (velký ¾ šálku) zázvorového sirupu

INSTRUKCE:
a) Cibuli oloupeme a zpracujeme v malém kuchyňském robotu. Stroužky česneku oloupejte a rozdrťte.
b) Smíchejte česnek a cibuli s gochugaru , fermentovanou sardelovou omáčkou a zázvorovým sirupem. Konzistence by měla být poměrně hustá. Pokud je marináda příliš tekutá, přidejte více gochugaru . Nalijte omáčku do předem sterilizované sklenice nebo láhve.
c) Tato omáčka vydrží v lednici asi 6 měsíců.
d) TIP Pokud potřebujete cibuli namočit, aby se správně zpracovala, použijte místo vody sardelovou omáčku.

45. Grilovaná marináda/ Bulgogi Yangnyeom

SLOŽENÍ:
- 1 cibule
- 5 g (⅛ unce) čerstvého zázvoru
- ½ hrušky
- 6 stroužků česneku
- 100 ml (málo ½ šálku) sójové omáčky
- 50 ml (málo ¼ šálku) bílého alkoholu (soju nebo gin)
- 2 lžíce medu
- 35 g (1¼ unce) cukru
- 1 lžička pepře

INSTRUKCE:
a) Cibuli a zázvor oloupeme. Hrušku oloupejte a zbavte jádřince. Oloupejte stroužky česneku. Vše společně zpracujte v malém kuchyňském robotu.
b) Zpracované ingredience smíchejte se sójovou omáčkou, alkoholem, medem, cukrem a pepřem.
c) Tato omáčka může být uchovávána po dobu 1 týdne v chladničce. Nejlepší je však maso marinovat těsně po uvaření omáčky . Marinované maso lze uchovávat 2 dny.

46. Kuřecí křídla Yangnyeom Jang

SLOŽENÍ:
- 2 libry kuřecích křídel
- 1/4 šálku Yangnyeom Jang
- 2 lžíce sójové omáčky
- 1 lžíce medu
- 1 lžíce sezamového oleje
- 2 stroužky česneku, mleté
- Sezamová semínka a zelená cibule na ozdobu

INSTRUKCE:
a) V misce smíchejte Yangnyeom Jang, sójovou omáčku, med, sezamový olej a mletý česnek.
b) Kuřecí křídla potřeme marinádou a necháme alespoň 30 minut marinovat.
c) Předehřejte troubu na 400 °F (200 °C). Křídla pečeme dozlatova a propečeme.
d) Před podáváním ozdobte sezamovými semínky a nakrájenou zelenou cibulkou.

47.Yangnyeom Jang na restování

SLOŽENÍ:
- 1 blok pevného tofu, nakrájený na kostky
- 1/4 šálku Yangnyeom Jang
- 2 lžíce sójové omáčky
- 1 lžíce sezamového oleje
- 1 lžíce rostlinného oleje
- Míchaná zelenina (paprika, brokolice, mrkev)
- Vařená rýže k podávání

INSTRUKCE:
a) Smíchejte Yangnyeom Jang, sójovou omáčku a sezamový olej v misce.
b) Do omáčky vhoďte nakrájené tofu a nechte 15 minut marinovat.
c) Na pánvi rozehřejte rostlinný olej, tofu orestujte dozlatova.
d) Přidejte rozmixovanou zeleninu a pokračujte v restování do změknutí. Podávejte s uvařenou rýží.

48. Glazované špízy na grilované krevety Yangnyeom Jang

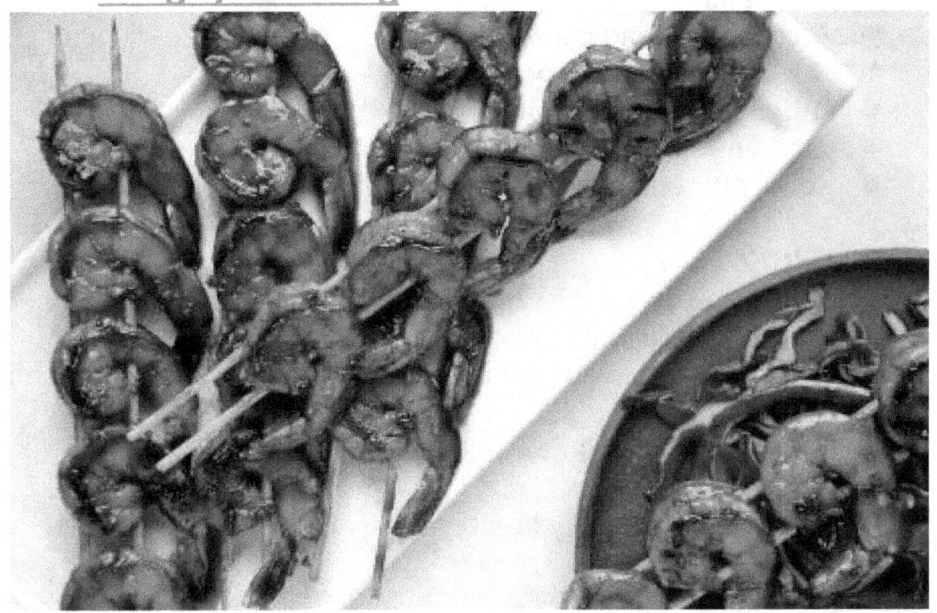

SLOŽENÍ:
- 1 lb velké krevety, oloupané a zbavené
- 1/4 šálku Yangnyeom Jang
- 2 lžíce rýžového octa
- 1 lžíce sójové omáčky
- 1 lžíce sezamového oleje
- Dřevěné špejle, namočené ve vodě
- Klínky limetky na servírování

INSTRUKCE:
a) V misce prošlehejte Yangnyeom Jang, rýžový ocet, sójovou omáčku a sezamový olej.
b) Napíchněte krevety na špejle a potřete je směsí Yangnyeom Jang.
c) Špízy z krevet grilujte, dokud nebudou uvařené a lehce zkaramelizované.
d) Podávejte s měsíčky limetky na vymačkání.

49. Namáčecí omáčka Yangnyeom Jang na knedlíky

SLOŽENÍ:
- 1/4 šálku Yangnyeom Jang
- 1 lžíce rýžového octa
- 1 lžička sezamového oleje
- 1 lžička cukru
- 1 zelená cibule, jemně nakrájená

INSTRUKCE:
a) Smíchejte Yangnyeom Jang, rýžový ocet, sezamový olej, cukr a nakrájenou zelenou cibulku v misce.
b) Míchejte, dokud se dobře nespojí.
c) Použijte jako omáčku k oblíbeným knedlíkům.

50.Yangnyeom Jang hovězí restování

SLOŽENÍ:
- 1 lb hovězí svíčkové, nakrájené na tenké plátky
- 1/4 šálku Yangnyeom Jang
- 2 lžíce sójové omáčky
- 1 lžíce sezamového oleje
- 1 lžíce rostlinného oleje
- 1 červená paprika, nakrájená na tenké plátky
- 1 cibule, nakrájená na tenké plátky
- Vařená rýže k podávání

INSTRUKCE:
a) V misce smíchejte Yangnyeom Jang, sójovou omáčku a sezamový olej.
b) Ve směsi marinujte nakrájené hovězí maso 15-20 minut.
c) Na pánvi zahřejte rostlinný olej, za stálého míchání smažte hovězí maso, dokud nezhnědne.
d) Přidejte nakrájenou papriku a cibuli, restujte, dokud zelenina nezměkne. Podávejte s uvařenou rýží.

51. Yangnyeom Jang

SLOŽENÍ:
- 1 lb filety z lososa, nakrájené na kousky
- 1/4 šálku Yangnyeom Jang
- 2 lžíce rýžového octa
- 1 lžíce sójové omáčky
- 1 lžíce medu
- Dřevěné špejle, namočené ve vodě
- Sezamová semínka na ozdobu

INSTRUKCE:
a) V misce prošlehejte Yangnyeom Jang, rýžový ocet, sójovou omáčku a med.
b) Kousky lososa napíchněte na špejle a potřete směsí Yangnyeom Jang.
c) Špízy z lososa grilujte, dokud nebudou uvařené, podle potřeby je potřete další omáčkou.
d) Před podáváním ozdobte sezamovými semínky.

52.Nudle Yangnyeom Jang

SLOŽENÍ:
- 8 uncí nudlí (ramen nebo soba)
- 1/4 šálku Yangnyeom Jang
- 2 lžíce sójové omáčky
- 1 lžíce sezamového oleje
- 1 okurka, julienned
- 1 mrkev, julienned
- Sezamová semínka a zelená cibule na ozdobu

INSTRUKCE:
a) Nudle uvaříme podle návodu na obalu, poté je propláchneme pod studenou vodou a scedíme.
b) V misce smíchejte Yangnyeom Jang, sójovou omáčku a sezamový olej.
c) Uvařené nudle promícháme s omáčkou, okurkou a mrkví.
d) Před podáváním ozdobte sezamovými semínky a zelenou cibulkou.

53.Špízy Yangnyeom Jang Tofu

SLOŽENÍ:
- 1 blok pevného tofu, nakrájený na kostičky
- 1/4 šálku Yangnyeom Jang
- 2 lžíce sójové omáčky
- 1 lžíce sezamového oleje
- Dřevěné špejle, namočené ve vodě
- Sezamová semínka na ozdobu

INSTRUKCE:
a) Smíchejte Yangnyeom Jang, sójovou omáčku a sezamový olej v misce.
b) Kostky tofu napíchněte na špejle a potřete směsí Yangnyeom Jang.
c) Tofu špízy grilujte nebo pečte dozlatova.
d) Před podáváním posypte sezamovými semínky.

MAESIL JANG (Švestková omáčka)

54.Glazovaná kuřecí křidélka Maesil Jang

SLOŽENÍ:
- 1 kg kuřecích křídel
- 1/2 šálku maesilu jang
- 1/4 šálku sójové omáčky
- 2 lžíce medu
- 2 stroužky česneku, mleté
- 1 lžička zázvoru, strouhaného
- Sezamová semínka a zelená cibule na ozdobu

INSTRUKCE:
a) Smíchejte maesil jang, sójová omáčka, med, česnek a zázvor v misce, abyste vytvořili polevu.
b) Kuřecí křidélka potřeme polevou a necháme alespoň 30 minut marinovat.
c) Předehřejte troubu na 200 °C (400 °F).
d) Křídla pečte v troubě 40–45 minut nebo dokud nejsou křupavé a propečené.
e) Před podáváním ozdobte sezamovými semínky a nakrájenou zelenou cibulkou.

55. Salátový dresink Maesil Jang

SLOŽENÍ:
- 1/4 šálku maesilu jang
- 2 lžíce olivového oleje
- 1 lžíce rýžového octa
- 1 lžička sójové omáčky
- Sůl a pepř na dochucení

INSTRUKCE:
a) Šlehejte dohromady maesil jang , olivový olej, rýžový ocet, sójová omáčka, sůl a pepř.
b) Těsně před podáváním přelijte dresingem svůj oblíbený salát.

56. Glazovaný losos Maesil Jang

SLOŽENÍ:
- 4 filety z lososa
- 1/3 šálku maesilu jang
- 2 lžíce sójové omáčky
- 1 lžíce sezamového oleje
- 1 lžíce mletého česneku
- 1 lžíce sezamových semínek na ozdobu

INSTRUKCE:
a) V misce smícháme maesil jang, sójová omáčka, sezamový olej a nasekaný česnek pro vytvoření polevy.
b) Filety lososa potřeme polevou.
c) Lososa grilujte nebo pečte, dokud nebude propečený podle vašich představ.
d) Před podáváním ozdobte sezamovými semínky.

57. Ledový čaj Maesil Jang

SLOŽENÍ:
- 2 lžíce maesilu jang
- 2 šálky vody
- 1-2 lžíce medu (volitelně)
- Ledové kostky
- Plátky citronu na ozdobu

INSTRUKCE:
a) Rozpusťte maesil cinknutí ve vodě. Pokud dáváte přednost sladší chuti, přidejte med.
b) Směs vychlaďte v lednici.
c) Nalijte maesil jang čaj přes kostky ledu.
d) Ozdobte plátky citronu a vychutnejte si osvěžující ledový čaj.

58.Smažená zelenina Maesil Jang

SLOŽENÍ:
- Různé druhy zeleniny (brokolice, paprika, mrkev, hrášek)
- 1/4 šálku Maesil Jang
- 2 lžíce sójové omáčky
- 1 lžíce rostlinného oleje
- Sezamová semínka na ozdobu

INSTRUKCE:
a) Zeleninu smažte na rostlinném oleji, dokud nebude křupavá.
b) V malé misce smíchejte Maesil Jang a sójovou omáčku.
c) Nalijte směs Maesil Jang na zeleninu a promíchejte, aby se obalila.
d) Před podáváním ozdobte sezamovými semínky.

59.Maesil Jang Glazovaná vepřová restovaná

SLOŽENÍ:
- 1 lb vepřové panenky, nakrájené na tenké plátky
- 1/4 šálku Maesil Jang
- 2 lžíce sójové omáčky
- 1 lžíce kukuřičného škrobu
- 1 lžíce rostlinného oleje
- Míchaná zelenina (paprika, brokolice, mrkev)
- Vařená rýže k podávání

INSTRUKCE:
a) V misce smíchejte Maesil Jang, sójovou omáčku a kukuřičný škrob.
b) Na pánvi zahřejte rostlinný olej, za stálého míchání smažte vepřové maso, dokud nezhnědne.
c) Přidejte rozmixovanou zeleninu a pokračujte v restování do změknutí.
d) Nalijte směs Maesil Jang na vepřové maso a zeleninu. Míchejte, dokud není vše potažené a prohřáté. Podávejte s uvařenou rýží.

60.Maesil Jang BBQ žebra

SLOŽENÍ:
- 2 libry vepřových žeber
- 1/2 šálku Maesil Jang
- 2 lžíce sójové omáčky
- 1 lžíce strouhaného zázvoru
- 2 stroužky česneku, mleté
- 1 lžíce sezamového oleje

INSTRUKCE:
a) V misce smíchejte Maesil Jang, sójovou omáčku, nastrouhaný zázvor, česnek a sezamový olej.
b) Ve směsi marinujte žebra alespoň 2 hodiny.
c) Grilujte nebo pečte žebra, dokud nejsou zcela uvařená a zkaramelizovaná.
d) potřete extra glazurou Maesil Jang.

61.Horký čaj Maesil Jang a zázvor

SLOŽENÍ:
- 4 šálky vody
- 3 plátky čerstvého zázvoru
- 2 polévkové lžíce Maesil Jang
- Med podle chuti

INSTRUKCE:
a) V hrnci přivedeme k varu vodu a plátky zázvoru.
b) Snižte teplotu a vařte 5 minut. Odstraňte plátky zázvoru.
c) Vmíchejte Maesil Jang a med, dokud se nerozpustí.
d) Nalijte do šálků a vychutnejte si jako uklidňující horký čaj.

MATGANJANG (KOŘITELNÁ SÓJOVÁ OMÁČKA)

62.Kreveta A Ananas Smažená Rýže/Havajský Bokkeumbap

SLOŽENÍ:
- ½ natě jarní cibulky (cibulky) (bez cibule)
- ¼ okurky
- 1 cibule
- 1 mrkev
- ½ ananasu
- 3 vejce
- ½ lžičky soli
- 1 špetka pepře
- 1 lžička česnekového prášku
- 40 g (1½ unce) másla plus knoflík
- 2 lžíce omáčky mat ganjang
- 200 g (7 uncí) loupaných krevet
- 350 g (12 uncí) vařené bílé rýže, studené
- Kečup

INSTRUKCE:
a) Nakrájejte nať jarní cibulky. Nakrájejte okurku, cibuli a mrkev na 5 mm (¼ palce) kostky. Dužinu ananasu nakrájejte na 1 cm (½ palce) kostky.
b) Rozklepněte vejce a dochuťte solí, pepřem a česnekovým práškem.
c) Na pánvi rozehřejte máslo na vysokou teplotu. Přidejte jarní cibulku a cibulku a za stálého míchání opékejte, dokud cibulka nezačne být průsvitná. Přidejte mrkev, okurku a mat ganjang ; vaříme, dokud mrkev nezměkne. Přidejte ananas a oloupané krevety a poté je 3 minuty smažte.
d) Do pánve přidejte uvařenou bílou rýži. Promíchejte rovnoměrně. Ochutnejte koření a podle potřeby dochuťte solí. Veškerou smaženou rýži přesuňte na jednu stranu pánve. Do prázdného dna pánve položte kousek másla. Přidejte rozšlehaná vejce a míchejte, dokud nejsou napůl uvařená – měla by zůstat trochu napěněná. Promícháme s rýží.
e) Podáváme ve vydlabané půlce ananasu nebo po jednotlivých porcích s několika řádky pokapaného kečupem. Podávejte se sójovou omáčkou , okurkou z bílé ředkve nebo marinovanou žlutou ředkvičkou, pokud chcete.

63. Korejský hovězí tatarák / Yukhoe

SLOŽENÍ:
- 2 stroužky česneku
- 1,5 cm (⅝ palce) pórek (bílá část)
- ½ korejské hrušky (nebo ½ zelené hrušky)
- 300 g (10½ oz) extra čerstvého hovězího filé nebo svíčkové
- 2 lžíce omáčky matganjang
- 1 lžíce sezamového oleje
- 1 lžíce cukru
- ½ lžíce sezamových semínek (nebo piniových oříšků) plus navíc na posypání
- 50 g (1¾ oz) rakety (rukola)
- 1 žloutek
- Sůl a pepř

INSTRUKCE:
a) Rozdrťte česnek. Nakrájejte pórek. Hrušky oloupejte a nakrájejte na 5 mm (¼ palce) silné zápalky. Poklepejte maso papírovou utěrkou, abyste odstranili přebytečnou krev. Hovězí maso nakrájíme na stejně silné tyčinky.
b) Maso smíchejte s česnekem, pórkem, mat ganjangem , sezamovým olejem, cukrem, sezamovými semínky nebo piniovými oříšky, osolte a opepřete pomocí hůlek nebo vidliček. Vyhněte se ručnímu míchání , aby nedošlo ke změně barvy masa vlivem tělesného tepla.
c) Listy rakety naaranžujte na talíř. Nahoru položte hruškové zápalky. Maso prolisujeme do mísy a poté vyklopíme na hrušku. Lehce zatlačte doprostřed masa, abyste vytvořili prohlubeň, a jemně zasuňte vaječný žloutek. Posypte extra sezamovými semínky nebo piniovými oříšky.
d) Jezte tak, že propíchnete žloutek a použijete ho jako omáčku k namáčení kousků masa do .

64.Smažené houby / Beoseot-Bokkeum

SLOŽENÍ:
- 5 hub saesongyi (hlíva královská)
- 2 cm (¾ palce) pórku (bílá část)
- 2 lžíce neutrálního rostlinného oleje
- ½ lžičky cukru
- 1 lžíce sójové omáčky
- 1 lžíce ústřicové omáčky
- 1 lžíce medu
- 1 dobrá špetka pepře
- ½ lžičky černých sezamových semínek

INSTRUKCE:
a) Houby nakrájejte podélně na polovinu a poté na dlouhé proužky o tloušťce 5 mm (¼ palce). Nakrájejte pórek.
b) Pánev potřete rostlinným olejem a za stálého míchání smažte pórek na vysoké teplotě, dokud nebude voňavý. Přidejte houby do pánve a za stálého míchání orestujte.
c) Když začne vytékat šťáva z hub, udělejte uprostřed pánve důlek, do kterého nalijte cukr, sójovou a ústřicovou omáčku. Nechte 15 sekund zahřívat a poté dobře promíchejte s houbami. Za stálého míchání smažte další 2 minuty.
d) Vypněte teplo, ale nechte pánev na varné desce nebo plotýnce. Dochuťte medem a pepřem a poté promíchejte. Podávejte posypané sezamovými semínky. Užijte si teplé nebo studené.

65. Sladkokyselé lotosové kořeny/ Yeongeun-Jorim

SLOŽENÍ:
- 500 ml (2 šálky) vody
- 1 čtverec (10 cm/4 palce) mořská řasa dasima (kombu)
- 500 g (1 lb 2 oz) lotosových kořenů
- 1 lžíce bílého octa
- 4 lžíce cukru
- 2 lžíce neutrálního rostlinného oleje
- 100 ml (málo ½ šálku) sójové omáčky
- 2 lžíce bílého vína
- 1 lžíce medu
- ½ lžičky sezamových semínek

INSTRUKCE:
a) Nalijte 500 ml (2 šálky) vody do hrnce a přidejte řasu dasima. Přiveďte k varu a vařte 20 minut na středním plameni. Řasy vyhoďte a vývar si uschovejte.
b) Oloupejte kořeny lotosu a nakrájejte je na 1 cm (½ palce) silné plátky. Vložte je do hrnce a zalijte studenou vodou. Přidejte ocet. Na prudkém ohni přivedeme k varu a vaříme 10 minut. Sceďte a opláchněte kořeny lotosu pod studenou vodou. Vodu z vaření vylijte.
c) Smíchejte lotosové kořeny a cukr v misce. Nechte stát při pokojové teplotě, dokud se cukr nerozpustí.
d) Rozpálíme pánev natřenou rostlinným olejem. Když je olej mírně horký, nalijte kořeny lotosu s jejich sladkou tekutinou. Navrch nalijte sójovou omáčku, bílé víno a vývar z mořských řas. Vařte na středním plameni, dokud nezůstane žádná tekutina, asi 20 až 30 minut. Vypněte oheň a přidejte med a sezamová semínka.
e) Tuto přílohu si můžete vychutnat teplou nebo studenou a v lednici ji můžete uchovávat až 5 dní.

66. Pikantní hovězí a zeleninová polévka / Yukgaejang

SLOŽENÍ:
- 500 g (1 lb 2 oz) hanger steak (onglet)
- 1,5 litru (6 šálků) vody
- 50 ml (málo ¼ šálku) bílého alkoholu (soju nebo gin)
- 3 stroužky česneku
- 2 listy zeleného pórku
- 100 g (3½ unce) pikantní marinády
- 3 lžíce omáčky matganjang
- 200 g (7 uncí) fazolových klíčků
- 5 hub pyogo (shiitake) nebo hlívy ústřičné
- 25 cm (10 palců) pórek (bílá část)
- 1 lžíce sezamového oleje
- 1 polévková lžíce neutrálního rostlinného oleje
- 3 lžíce sójové omáčky
- ½ lžičky pepř soli

INSTRUKCE:

a) Maso nakrájejte na přibližně 15 cm (6 palců) široké kousky. Maso namočte na 1½ hodiny do studené vody, aby se z něj vytáhla krev, vodu vyměňujte každých 30 minut a poté sceďte. Přiveďte 1,5 litru (6 šálků) vody k varu. Přidejte maso, alkohol, oloupané stroužky česneku a lístky zeleného pórku. Po obnovení varu vařte na středním plameni 40 minut bez přikrytí.

b) Lžící odebíráme z povrchu vývaru pěnu. Oddělte vývar od masa, česnek a lístky zeleného pórku vyhoďte, ale vývar si ponechte. Když je maso dostatečně vychladlé, nakrájejte ho rukama.

c) Smíchejte s pikantní marinádou a mat ganjang . Nechte stát.

d) Mezitím omyjeme fazolové klíčky. Houby nakrájejte na 1,5 cm (⅝ palce) plátky. Bílý pórek nakrájejte na pět částí po 5 cm (2 palce), pak každou část na polovinu podélně a každou polovinu na čtyři podélně (ideální je šířka 1 cm/½ palce).

e) V hrnci rozehřejte sezamový olej a rostlinný olej. Až se rozehřeje, přidáme maso a za stálého míchání opékáme 3 minuty. Přidejte pórkovou bílou a sójovou omáčku a dobře promíchejte, poté přidejte asi 1 litr (4 šálky) odloženého vývaru.

f) Po obnovení varu vařte na vysoké teplotě 10 minut.

g) Přidejte houby a fazolové klíčky a vařte dalších 10 minut. Dochuťte solí a pepřem.

67. Smažená bílá ředkev/Mu- Namul

SLOŽENÍ:

- 450 g (1 lb) bílé ředkve (daikon)
- 2 cm (¾ palce) pórku (bílá část)
- 2 stroužky česneku
- 3 lžíce sezamového oleje
- 1 lžíce omáčky matganjang
- 1 lžička soli
- 1 lžička cukru
- 1 lžíce sezamových semínek

INSTRUKCE:

a) Bílou ředkev oloupeme a nakrájíme na 5 mm (¼ palce) silné zápalky.
b) Bílý pórek nakrájíme a česnek prolisujeme.
c) Pánev potřete sezamovým olejem a na prudkém ohni orestujte pórek a česnek, dokud nezavoní. Přidejte ředkvičky do pánve. Uprostřed tyčinek ředkviček udělejte důlek a nasypte do něj mat ganjang. Nechte 15 sekund zahřívat, poté dobře promíchejte s ředkvičkami. Po 4 minutách vmíchejte sůl a cukr a snižte teplotu na střední. Za stálého míchání smažte asi 15 minut. Pokud se ředkev začne připalovat, přidejte trochu vody.
d) Vaření je hotové, když je ředkvička průsvitná a měkká. Dochuťte solí podle chuti. Podávejte posypané sezamovými semínky. Užijte si teplé nebo studené.

68. Smažené zelené fazolky/zelené fazolky Bokkeum

SLOŽENÍ:
- 500 g (1 lb 2 oz) tenkých zelených fazolí
- 10 stroužků česneku
- 100 g (3½ unce) uzené slaniny
- 2 lžíce sezamových semínek
- 3 lžíce olivového oleje
- 2 lžíce omáčky matganjang
- 1 lžička soli

INSTRUKCE:
a) Nahoře a ocas a omyjte zelené fazolky. V hrnci přiveďte k varu trochu osolené vody a přidejte fazole. Po uvedení do varu vařte 2 minuty. Fazole ihned sceďte a osvěžte pod studenou vodou. Stroužky česneku oloupejte, překrojte napůl a v případě potřeby odstraňte klíček. Slaninu nakrájejte na kousky široké 1 cm (½ palce). Sezamová semínka dobře rozdrťte.

b) Dno pánve potřete olivovým olejem a na prudkém ohni opečte česnek dozlatova. Do pánve přidáme slaninu a za stálého míchání orestujeme. Když je slanina uvařená, přidejte fazole a mat ganjang . Za stálého míchání opékejte 5 minut. Přidejte drcená sezamová semínka a dochuťte solí. Za stálého míchání smažte další 2 minuty. Užijte si teplé nebo studené.

69.Tofu salát / Dubu - salát

SLOŽENÍ:
- 300 g (10½ unce) pevného tofu
- 3 lžíce neutrálního rostlinného oleje
- ½ žluté kapie (paprika)
- 20 cherry rajčat
- ¼ listový salát z červeného dubu
- 300 g (10½ unce) jehněčího salátu
- Černá sezamová semínka
- Sůl

OMÁČKA
- ½ citronu
- 4 lžíce omáčky matganjang
- 2 lžíce olivového oleje
- ½ lžičky pepře
- ½ šalotka

INSTRUKCE:
a) Nakrájejte blok tofu na 1,5 cm (⅝ palce) kostky. Rozehřejte pánev natřenou rostlinným olejem a vložte do ní kostky tofu. Smažíme na středním plameni, dokud všechny strany nezezlátnou, stěrkou a lžící kostky otočíme, aby se nepolámaly. Během vaření dochutíme každou stranu solí. Po uvaření necháme tofu vychladnout na papírové utěrce.

b) Kapii nakrájíme na tenké proužky. Cherry rajčata překrojte napůl.

c) Na omáčku vymačkejte citron a smíchejte šťávu s mat ganjang, olivovým olejem a pepřem. Nakrájejte šalotku a přidejte ji do omáčky.

d) Uložte dubový list a jehněčí salát do servírovací misky. Navrch rozdělte tofu, kapii a cherry rajčata. Posypeme sezamovými semínky a pokapeme omáčkou.

70. Rybí lívanečky / salát Seangseon-Tuigim

SLOŽENÍ:
- ¼ ledový salát
- ¼ měkký salát
- ½ cibule
- 700 g (1 lb 9 oz) bílé ryby
- 2 střední vejce
- 80 g (2¾ unce) hladké (univerzální) mouky
- 120 g (4¼ unce) panko strouhanky
- 1 litr (4 šálky) neutrálního rostlinného oleje
- Česnekový prášek
- Sůl a pepř

OMÁČKA
- 4 lžíce omáčky matganjang
- 2 lžíce cukru
- 4 lžíce jablečného nebo jablečného octa
- 3 lžíce minerální vody
- 1 špetka pepře

INSTRUKCE:
a) Saláty omyjeme a nakrájíme nahrubo. Cibuli nakrájejte nadrobno. Nakrájenou cibuli ponořte na 5 minut do studené vody s pár kapkami octa, poté slijte. Smíchejte všechny ingredience na omáčku, abyste vytvořili omáčku.

b) Rybu nakrájejte na obdélníkové kusy o tloušťce 3 cm (1¼ palce), 5 cm (2 palce) široké a asi 7 cm (2¾ palce) dlouhé. Každý kousek posypte solí, pepřem a česnekovým práškem a nechte 5 minut marinovat. Rozbijte vejce. Každý kousek ryby obalte moukou, poté rozšlehanými vejci a poté panko strouhankou.

c) Zahřejte rostlinný olej na 170 °C (340 °F). Kousky ryby vhoďte do oleje a vařte 7 minut. Opatrně je odstraňte. Vložte je do cedníku a nechte 5 minut okapat . Znovu smažte 3 minuty a znovu 5 minut sceďte.

d) Salát a kousky cibule rozložte na servírovací misku. Zalijeme omáčkou.

e) Navrch položte rybí lívanečky .

71. Tteokbokki Se sójovou omáčkou / Ganjang-Tteokbokki

SLOŽENÍ:
- mrkev
- 10 cm (4 palce) pórek (bílá část)
- 200 g (7 uncí) rybí pasty
- 250 ml (1 šálek) vody
- 3 lžíce cukru
- 300 g (10½ unce) tteokbokki tteok
- 100 ml (málo ½ šálku) omáčky mat ganjang
- ½ lžičky pepře Sezamová semínka

INSTRUKCE:
a) Mrkev nakrájejte napůl na dvě polena, pak každý díl podélně napůl a nakonec na tenké proužky podélně. Pórek nakrájejte diagonálně na 2 cm (¾ palce) silné části. Rybí pastu diagonálně nakrájejte.
b) Nalijte vodu do pánve. Přidejte cukr a přiveďte k varu. Okamžitě snižte teplotu na střední a vložte tteokbokki tteok . Vařte 5 minut, míchejte, aby se nepřilepily ke dnu pánve nebo k sobě, v případě potřeby je oddělte.
c) Přidejte mat ganjang , pórek, mrkev a rybí pastu. Za stálého míchání dusíme 10 minut.
d) Když se omáčka zredukuje na polovinu, přidejte pepř a štědrou špetku sezamových semínek. V případě potřeby přidejte ještě trochu mat ganjang .

72.Ledová polévka z mořských řas / Miyeok-Naengguk

SLOŽENÍ:
- 10 g (¼ oz) mořské řasy miyeok (wakame)
- 100 g (3½ unce) bílé ředkve (daikon)
- ½ lžíce soli 5 lžic cukru
- ½ mrkve
- ¼ cibule
- 100 ml (málo ½ šálku) jablečného nebo bílého octa
- 1 lžička fermentované sardelové omáčky
- 2 lžíce omáčky mat ganjang
- 600 ml (2 šálky) minerální vody
- 1 špetka sezamového semínka
- Kostky ledu, sloužit

INSTRUKCE:
a) Řasy nechte 20 minut rehydratovat ve velké misce naplněné vodou. Sceďte a nalijte 1 litr (4 šálky) vroucí vody na mořskou řasu, poté ji zchlaďte pod tekoucí vodou a poté znovu sceďte. Řasu rukama vymačkejte, abyste odstranili přebytečnou vodu, a nahrubo ji nastříhejte pomocí nůžek.

b) Ředkev nakrájíme na zápalky. Marinujte se solí a 1 lžící cukru 15 minut. Sceďte a lehce přitlačte rukama, abyste vytáhli část tekutiny. Mrkev nakrájíme na tyčinky. Cibuli nakrájejte na tyčinky a nechte 10 minut stát ve studené vodě s pár kapkami octa, poté sceďte.

c) V misce smíchejte mořské řasy, ocet a 4 lžíce cukru. Přidejte cibuli, mrkev, ředkvičky, fermentovanou sardelovou omáčku, mat ganjang a minerální vodu. Znovu promícháme a dochutíme solí.

d) Před podáváním posypte sezamovými semínky a do servírovací misky přidejte pár kostek ledu.

73. Dušená pražma / Domi-Jjim

SLOŽENÍ:
- 1 celá pražma, vykuchaná
- 3 lžíce bílého alkoholu (soju nebo gin)
- 2 lžičky mořské soli
- 2 lžičky mletého zázvoru
- ½ lžičky pepře 6 listů zeleného pórku
- 5 g (⅛ unce) čerstvého zázvoru
- ½ citronu

POLEVA
- 1 střední vejce
- 2 houby pyogo (shiitake)
- ½ lžičky zázvorového sirupu
- omáčky mat ganjang
- mrkev
- cuketa (cuketa)
- ½ pórku (bílá část)
- Neutrální rostlinný olej
- Sůl

OMÁČKA
- 1 lžíce sójové omáčky
- 2 lžíce jablečného nebo jablečného octa
- ½ lžičky cukru
- ½ lžičky hořčice

INSTRUKCE:
a) Pomocí nože jemně seškrábněte vnější stranu pražmy v opačném směru než šupiny, abyste je odstranili. Rybu očistěte, pečlivě očistěte ocas a ploutve tak, že dobře promnete mezi dvěma prsty. Důkladně vyčistěte vnitřek a žábry pod tekoucí vodou. Smíchejte soju, mořskou sůl, mletý zázvor a pepř. Touto marinádou masírujte pražmu zevnitř i zvenku. Odstavte na 15 minut.

b) Připravte si zálivku. Oddělte bílek od žloutku. Obojí dochutíme trochou soli a zvlášť prošleháme. Na rozpálené pánvi vymazané olejem udělejte tenkou omeletu s bílkem a poté se žloutkem; nakrájíme je na proužky. Houby nakrájejte na tyčinky a smíchejte se zázvorovým sirupem a omáčkou mat ganjang . Smažíme 3 minuty na troše neutrálního oleje. Mrkev nakrájejte na tyčinky a za stálého míchání opékejte 3 minuty na troše neutrálního oleje, posypte špetkou soli. Opakujte s cuketou. Dokončete nastrouháním bílé části pórku.

c) Udělejte tři velké řezy na každé straně pražmy pod úhlem 30 stupňů. Vložte parní koš do holandské trouby a nalijte vodu až 2 cm (¾ palce) pod koš. Do košíku vložte lístky zeleného pórku, nakrájený čerstvý zázvor a na tenké plátky nakrájený citron. Navrch položte pražmu a zalijte zbylou marinádou. Přikryjeme a přivedeme k varu. Vařte 15 minut na středním plameni přikryté. Vypněte teplo a nechte 5 minut stát bez sejmutí víka. Otevřete a nechte několik minut vychladnout.

d) Ingredience na omáčku smícháme dohromady. Položte pražmu na lůžko z nakrájeného bílého pórku. Položte každou z přísad na polevu. Jezte tak, že vezmete nějaké rybí maso a polevu a namáčení v omáčce.

74. Sezamový špenát/ Sigeumchi-Namul

SLOŽENÍ:
- 2 stroužky česneku
- 1 cm (½ palce) pórku (bílá část)
- 600 g (1 lb 5 oz) čerstvého špenátu
- ½ lžíce omáčky mat ganjang
- 3 lžíce sezamového oleje
- ½ lžičky sezamových semínek Sůl

INSTRUKCE:
a) Rozdrťte stroužky česneku a pórek nakrájejte nadrobno. Špenátové listy očistěte, pokud jsou příliš silné, odřízněte stonky. Pokud jsou listy hodně široké, rozkrojte je příčně napůl.
b) V hrnci přiveďte k varu osolenou vodu a přidejte špenát. Jakmile listy začnou vadnout, sceďte je v cedníku a podlijte studenou vodou, aby se přestaly vařit. Naberte velké hrsti vychladlých listů a rukama je vymačkejte, abyste odstranili přebytečnou vodu, a poté je dejte do mísy.
c) Přidejte česnek, pórek, mat ganjang a sezamový olej do špenátu. Sezamová semínka důkladně protřete mezi rukama, aby se rozdrtila, a poté je přidejte do špenátové směsi. Opatrně vše promíchejte, odlepte listy špenátu. Zkontrolujte koření a dosolte podle chuti.

75. Treska Rolls / Seangseon-Marigui

SLOŽENÍ:
- mrkev
- 2 houby pyogo (shiitake)
- 4 česneková pažitka
- 80 g (2¾ unce) fazolových klíčků
- 400 g (14 uncí) filet z tresky
- 2 lžíce bílého vína
- 1 lžíce zázvorového sirupu
- 4 lžíce omáčky matganjang
- 1 lžička sezamového oleje
- 1 špetka pepře
- 3 lžíce neutrální
- rostlinný olej

INSTRUKCE:
a) Mrkev nastrouháme. Houby nakrájíme na tenké plátky. Nakrájejte pažitku na 5 cm (2 palce) kousky. Fazolové klíčky omyjte a sceďte. Rybu nakrájejte na plátky asi 12 cm (4½ palce) dlouhé a 1 cm (½ palce) široké.
b) Na každý kousek ryby položte trochu mrkve, pár pažitky, 1 plátek žampionu a pár fazolových klíčků. Zarolujte rybu tak, aby obsahovala ingredience a zajistěte malým dřevěným párátkem.
c) Na marinádu smíchejte víno, zázvorový sirup, mat ganjang , sezamový olej a pepř. Na středním plameni rozehřejte pánev natřenou rostlinným olejem. Když se olej začne zahřívat, vložte do pánve rybí závitky. Smažíme 3 minuty a obracíme, aby se závitky propekly po celém povrchu. Přidejte marinádu. Na mírném ohni povařte 5 minut, závitky opatrně otáčejte, aby se nerozpadly.
d) Před podáváním odstraňte párátka.

GANJANG (SOJOVÁ OMÁČKA)

76.Kimchi smažená rýže/Kimchi Bokkeumbap

SLOŽENÍ:
- 400 g (14 uncí) kimchi z čínského zelí
- 1 lžíce cukru
- 1 lžička česnekového prášku
- 1 nať jarní cibulky (cibulky) (bez cibule)
- 320 g (11¼ oz) kousků tuňáka ve slunečnicovém oleji
- 2 lžíce neutrálního rostlinného oleje
- 1 lžíce gochugaru chilli prášek
- 2 lžíce sójové omáčky
- 1 lžíce fermentované sardelové omáčky
- 400 g (14 uncí) vařené bílé rýže, studené
- 4 vejce, smažená

INSTRUKCE:
a) Umístěte kimchi do misky a pomocí nůžek je nakrájejte na malé kousky.
b) Přidejte cukr a česnekový prášek a dobře promíchejte. Nechte 5 minut stát.
c) Nakrájejte nať jarní cibulky. Sceďte tuňáka. Potřete pánev rostlinným olejem. Vsypte nakrájenou jarní cibulku a zvyšte plamen. Za stálého míchání opékejte, dokud jarní cibulka nezačne měknout. Přidejte kimchi a gochugaru . Za stálého míchání opékejte 5 minut, dokud nebude kimchi trochu průsvitné. Přidejte tuňáka, sójovou omáčku a fermentovanou sardelovou omáčku. Za stálého míchání opékejte 5 minut.
d) jsou všechny ingredience dobře propojené, přidejte na pánev uvařenou bílou rýži . Rýži promíchejte, abyste získali rovnoměrnou barvu . Když rýže rovnoměrně získá barvu kimchi , vaření je dokončeno.
e) Podávejte v jednotlivých porcích tak, že na kimchi bokkeumbap položíte jedno sázené vejce . Pokud chcete, podávejte s okurkami ze sójové omáčky nebo bílých ředkviček.

77.Surimi salát / Keuraemi - salát

SLOŽENÍ:
- ¼ zelený salát
- ¼ cibule
- okurka
- 1 lžíce sezamových semínek
- 12 surimi (krabích) tyčinek

OMÁČKA
- 2 lžičky jablečného nebo jablečného octa
- 2 lžíce cukru
- 1 lžíce sójové omáčky
- 1 lžička hořčice
- ½ lžičky pepře

INSTRUKCE:
a) Salát omyjeme, poté scedíme a natrháme listy. Cibuli nakrájejte najemno a namočte do misky s vodou s pár kapkami octa. Nechte 10 minut odstát ve vodě a poté sceďte.
b) Okurku nakrájíme na tyčinky. Sezamová semínka dobře rozdrťte. Rukama natrhejte tyčinky surimi na proužky.
c) Smíchejte všechny ingredience na omáčku, abyste vytvořili omáčku.
d) Těsně před podáváním naaranžujte salát do misky. Vše smícháme, včetně omáčky a sezamových semínek.

78. Korejské hovězí karbanátky / Tteokgalbi

SLOŽENÍ:
- 1 cibule
- ½ mrkve
- 600 g (1 lb 5 oz) mletého hovězího masa
- 6 lžic sojové omáčky
- 4 lžíce cukru
- 2 lžíce zázvorového sirupu
- 1 lžíce sezamového oleje
- 1 lžička soli
- 1 špetka pepře
- 1 vaječný žloutek
- 1 polévková lžíce vody pažitka
- piniové oříšky

INSTRUKCE:
a) Cibuli a mrkev nakrájíme nadrobno. Poklepejte maso papírovou utěrkou, abyste odstranili přebytečnou krev. Smíchejte maso s cibulí, mrkví, sójovou omáčkou, cukrem, zázvorovým sirupem, sezamovým olejem, solí, pepřem a žloutkem, dokud se dobře nespojí. Textura by měla být jako pasta.
b) Rozdělte na šest porcí. Každou část zploštěte v dlaních, abyste získali stejnoměrné placičky o tloušťce asi 1 cm (½ palce). Palcem zatlačte na střed každé placičky, abyste vytvořili zářez.
c) Rozpalte pánev. Když je horká, vložte placičky do pánve odsazením nahoru. Vařte celkem 5 minut, pravidelně obracejte, aby se maso nepřipálilo. Přidejte vodu. Přikryjte a vařte 10 minut, v polovině otočte.
d) Podávejte na lůžku z pažitky a posypte trochou drcených piniových oříšků.

79. Na tenké plátky nakrájená grilovaná žebírka/La Galbi

SLOŽENÍ:
- 1 kg (2 lb 4 oz) hovězích krátkých žeber s kostí, nakrájených na tenké plátky
- 20 cm (8 palců) pórek (bílá část)
- 1 kiwi
- Grilovací marináda
- 3 lžíce sójové omáčky
- 1 lžíce sezamového oleje

INSTRUKCE:
a) Maso ponořte do misky se studenou vodou a nechte 2 hodiny, před scezením každých 30 minut vodu vyměňte.
b) Pórek nakrájejte na čtyři kusy, pak každý kus podélně napůl. Oloupejte a rozmixujte kiwi v malém kuchyňském robotu. Maso přelijte grilovací marinádou, sójovou omáčkou, kiwi a sezamovým olejem a promíchejte, aby se dobře obalilo. Smícháme s pórkem. Nechte v lednici odpočinout alespoň 12 hodin.
c) Rozpalte litinovou grilovací pánev nebo pánev na vysokou teplotu. Do pánve dejte plátky masa a kousky pórku. Vařte 7 minut z každé strany na středním plameni.
d) Před podáváním nakrájejte maso mezi kousky kostí nůžkami. Můžete to jíst jako ssambap , pokud chcete, nebo jednoduše s rýží a kimchi z čínského zelí.

80. Salátový salát s Kimchi omáčkou / Sangchu-Geotjeori

SLOŽENÍ:
- ½ hlávkového salátu
- ½ cibule
- ½ mrkve
- 1 lžíce gochugaru chilli prášek
- 2 lžíce sójové omáčky
- 1 lžíce fermentované sardelové omáčky
- 3 lžíce jablečného nebo jablečného octa
- 2 lžíce cukru
- 1 lžička česnekového prášku
- 1 lžíce sezamového oleje
- ½ lžičky sezamových semínek

INSTRUKCE:

a) Salát omyjeme, scedíme a listy natrháme nahrubo. Cibuli nakrájejte najemno a ponořte do misky s vodou s pár kapkami octa. Před scezením nechte 5 minut máčet. Mrkev nakrájíme na tyčinky.

b) Hlávkový salát smícháme s cibulí, mrkví, gochugaru , sójovou omáčkou, fermentovanou sardelovou omáčkou, jablečným octem, cukrem, česnekovým práškem, sezamovým olejem a sezamovými semínky. Sloužit.

81.Pórkový salát/Pa- Muchim

SLOŽENÍ:
- 4 pórky (bílá část)
- 1 lžíce gochugaru chilli prášek
- 2 lžíce sójové omáčky
- 1 lžíce fermentované sardelové omáčky
- 4 lžíce jablečného nebo jablečného octa
- 2 lžíce cukru
- ½ lžičky česnekového prášku
- 1 lžíce sezamového oleje
- ½ lžičky sezamových semínek

INSTRUKCE:
a) Umyjte bílky z pórku. Rozřízněte je podélně napůl.
b) Rozdělte vnitřní listy a vnější listy na dvě hromádky. Každou hromádku přeložte napůl a poté podélně nakrájejte najemno. Tenké proužky pórku ponořte do misky s vodou s pár kapkami octa. Před scezením nechte 10 minut máčet.
c) Smíchejte pórek, gochugaru , sójovou omáčku, fermentovanou sardelovou omáčku, jablečný ocet, cukr, česnekový prášek, sezamový olej a sezamová semínka v misce. Sloužit.

82.Omeleta a tuňáková mísa / Chamchi - Mayo - Deobpab

SLOŽENÍ:
- 2 vejce
- 2 listy salátu
- ¼ list z mořských řas (nori)
- 80 g (2¾ unce) kousků tuňáka ve slunečnicovém oleji
- ½ lžičky cukru
- 1½ lžíce sójové omáčky
- ½ lžičky gochugaru chilli prášek
- ½ lžičky česnekového prášku
- 180 g (6½ unce) vařené bílé rýže, horké
- 2 lžíce majonézy Neutrální rostlinný olej Sůl a pepř

INSTRUKCE:
a) Vejce dobře rozklepneme a dochutíme solí a pepřem. Zahřejte pánev namazanou rostlinným olejem. Vlijte vejce a míchejte, aby vznikla míchaná vejce. Dát stranou.
b) Listy salátu a plát mořských řas nakrájejte na tenké proužky. Tuňáka sceďte a nechte si trochu oleje. Smíchejte tuňáka a odložený olej v misce s cukrem, ½ lžíce sójové omáčky, gochugaru a česnekovým práškem.
c) Uložte rýži a poté salát do servírovací mísy a pokapejte 1 lžící sójové omáčky. Přidejte omeletu z míchaných vajec a poté tuňáka. Bohatě pokapejte majonézou a na závěr posypte řasou gim .
d) Jezte bez míchání tím, že se pokusíte vzít trochu ze všech ingrediencí na jediné sousto.

83.Hovězí Japchae / Japchae

SLOŽENÍ:
- 200 g (7 oz) sladkých bramborových nudlí
- 300 g (10½ unce) tlustého hovězího steaku
- 6 lžic sojové omáčky
- 4 lžíce cukru
- 1½ lžičky česnekového prášku
- 1 lžička pepře
- 1 červená kapie (paprika)
- 1 mrkev
- ½ cukety (cuketa)
- 4 houby pyogo (shiitake) nebo hlíva ústřičná
- ½ cibule
- 3 cm (1¼ palce) pórek (bílá část)
- 1 vejce
- 100 ml (malý ½ šálku) vody
- 4 lžíce sezamového oleje
- ½ lžičky sezamových semínek
- 5 česnekové pažitky
- Neutrální rostlinný olej
- Sůl

INSTRUKCE:
a) Bramborové nudle ponořte do studené vody a nechte 2 hodiny máčet, poté sceďte.
b) Maso nakrájíme na tenké nudličky. Marinujte se 2 lžícemi sójové omáčky, 1 lžící cukru, ½ lžičky česnekového prášku a ½ lžičky pepře, zatímco budete připravovat zbytek pokrmu.
c) Kapii, mrkev a cuketu nakrájíme na tyčinky. Houby a cibuli nakrájíme na tenké plátky. Nakrájejte pórek. Vejce rozšlehejte s pořádnou špetkou soli. Na rozpálené pánvi vymazané olejem uvařte tenkou omeletu . Nechte vychladnout, jemně srolujte a nakrájejte na tenké nudličky.
d) Na pánvi zahřejte na vysokou teplotu více rostlinného oleje. Za stálého míchání orestujte mrkev a cuketu, okořeňte je špetkou soli. Když zelenina trochu změkne, dejte ji stranou do mísy. To samé udělejte s kapií, pak houbami a pak cibulí. Marinované maso opékejte 5 minut. Vše dejte stranou do stejné mísy.

e) Připravte si omáčku. Smíchejte vodu, 4 lžíce sójové omáčky, 3 lžíce cukru, 1 lžičku česnekového prášku a
f) ½ lžičky pepře. Ve velké pánvi rozehřejte na středním plameni 2 lžíce sezamového oleje a nakrájený pórek. Když pórek navoní, přidejte nudle a omáčku. Vařte za míchání 5 minut.
g) Nalijte horké nudle do mísy se zeleninou. Nudle nastříhejte nůžkami, jedním směrem a poté druhým. Přidejte sezamová semínka a 2 lžíce sezamového oleje a jemně promíchejte rukama, až nudle mírně vychladnou.
h) Uspořádejte japchae na talíře. Japchae položte na nudličky omelety a ozdobte nasekanou česnekovou pažitkou.

84. Mořské řasy Vermicelli Fritters/ Gimmari

SLOŽENÍ:
- 100 g (3½ oz) sladkých bramborových nudlí
- mrkev
- 1 nať jarní cibulky (cibulky) (bez cibule)
- 1 litr (4 šálky) neutrálního rostlinného oleje, plus navíc na zeleninu
- 2 lžíce sójové omáčky
- ½ lžičky cukru
- ½ lžičky sezamového oleje
- ½ lžičky pepře
- 1½ lžičky soli
- 4 gim listy z mořských řas (nori)
- 50 g (1¾ unce) hladké (univerzální) mouky
- 300 g (10½ unce) korejského těsta na lívanec

INSTRUKCE:
a) Namočte nudle do studené vody na 2 hodiny, aby se oddělily.
b) Mrkev a jarní cibulku nakrájíme. Trochu je 3 minuty orestujte
c) rostlinný olej. Nudle vařte ve vroucí vodě 3 minuty. Použitím
d) cedník , osvěžte je studenou vodou a poté dobře sceďte. Umístěte je
e) v misce a dvakrát přestřihněte nůžkami, abyste vytvořili tvar kříže. Smíchejte s
f) restovaná zelenina, sójová omáčka, cukr, sezamový olej, pepř a 1 lžička
g) soli .
h) gim nařežte na čtyři obdélníky, rozřízněte je podélně a poté příčně. Na pracovní desku položte jeden obdélník mořských řas, hrubou stranou nahoru. Po šířce naaranžujte trochu směsi nudlí,
i) trochu pod středem. Pomocí studené vody navlhčete 1,5 cm (⅝ palce) proužek v horní části listu. Pevně srolujte. Navlhčená část se přilepí a uzavře roli. Udělejte totéž pro všechny listy z mořských řas.
j) Smíchejte mouku s ½ lžičky soli. Zahřejte olej na 170 °C (340 °F). Chcete-li zkontrolovat teplotu, nechte do oleje spadnout kapku těsta : pokud okamžitě vystoupí na povrch, je teplota správná. Rohlíky z mořských řas lehce poprašte

moukou a ujistěte se, že jsou rovnoměrně potažené, a poté je ponořte do těsta. Pomocí kleští ponořte každý váleček do oleje a dvakrát nebo třikrát s ním pohněte tam a zpět, než je pustíte do oleje.

k) Smažte asi 4 minuty. Vaření je hotové , když jsou lívance zlatavě hnědé. Vyjměte lívanečky z oleje a vložte do cedníku, aby alespoň na 5 minut odkapal. Znovu smažte na oleji 2 minuty a nechte okapat .

l) Podávejte horké, namáčené v omáčce tuigim nebo s restovaným tteokbokki s chilli pastou.

85.Mat Ganjang /Mat Ganjang

SLOŽENÍ:
- ¼ cibule
- ¼ tuřín
- 2 listy zeleného pórku
- 1 citron
- 1 jablko
- 4 stroužky česneku
- 170 ml sójové omáčky
- 130 ml (½ šálku) vody
- 65 ml (¼ šálku) bílého alkoholu (soju nebo gin)
- 1 lžíce fermentované sardelové omáčky
- 10 velkých kuliček černého pepře

INSTRUKCE:
a) Oloupejte cibuli a tuřín. Listy pórku nakrájíme nahrubo. Nakrájejte tenká kolečka citronu a tenké plátky jablka. Oloupejte stroužky česneku.
b) Sojovou omáčku, vodu, alkohol, fermentovanou sardelovou omáčku, tuřín, pórek, cibuli, česnek a kuličky pepře přiveďte v hrnci přikryté k varu. Vařte 10 minut na středním plameni. Přidejte citron a jablko a přikryté vařte 10 minut.
c) Vypněte teplo a sejměte víko. Nechte 15 minut vychladnout. Omáčku přecedíme jemným sítkem. Suroviny rozdrťte, abyste získali co nejvíce šťávy, a poté vyhoďte. Nalijte omáčku do předem sterilizované sklenice nebo láhve.
d) Před uzavřením sklenice nebo láhve nechte vychladnout na pokojovou teplotu.
e) V lednici vydrží cca 3 týdny.

86. Dušené korejské kuře / Dakbokkeumtang

SLOŽENÍ:
- 1,2 kg (2 lb 10 oz) celého kuřete
- 2 lžíce cukru
- 2 lžíce zázvorového sirupu
- 4 střední brambory
- 2 mrkve
- 1 cibule
- 10 cm (4 palce) pórek (bílá část)
- 100 g (3½ unce) pikantní marinády
- 100 ml (málo ½ šálku) sójové omáčky
- 400 ml (1½ šálku) vody
- 100 ml (málo ½ šálku) bílého alkoholu (soju nebo gin)

INSTRUKCE:
a) Kuře dobře očistěte, abyste odstranili zbývající peří nebo prachové peří. Odstraňte přebytečný tuk a kůži nůžkami a vyhoďte farářův nos. Prořízněte krk, abyste kuře podélně rozpůlili. Odřízněte křídla, stehna a paličky. Každou kuřecí polovinu rozřízněte na dvě nebo tři části po šířce , kuřecí prsa ponechte připojená k částem korpusu.

b) Smíchejte nakrájené kuře s cukrem a zázvorovým sirupem. Nechte 20 minut odpočívat. Mezitím oloupejte a nakrájejte brambory na poloviny, mrkev na 2 cm (¾ palce) a cibuli na čtvrtiny. Pórek nakrájejte na 2 cm (¾ palce) kousky.

c) Po 20 minutách odpočinku přidejte ke kuře pikantní marinádu a sójovou omáčku. Promícháme, aby se kuře obalilo omáčkou. Kuře dejte do hrnce, přidejte brambory, mrkev, cibuli, vodu a alkohol. Přiveďte k varu a přikryté vařte 10 minut na silném ohni, poté promíchejte. Přepněte na střední teplotu a mírně otevřete víko. Za pravidelného míchání nechte 30 minut vařit. Přidejte pórek a vařte dalších 10 minut.

87.Hovězí maso Jangjorim / Sogogi Jangjorim

SLOŽENÍ:
- 1 kg (2 lb 4 oz) hanger steak (onglet)
- 2 litry (8 šálků) vody
- 100 ml (málo ½ šálku) bílého alkoholu (soju nebo gin)
- 3 lístky zeleného pórku
- 1 cibule
- 20 velkých kuliček černého pepře
- 50 g (1¾ unce) stroužků česneku
- 10 g (¼ unce) čerstvého zázvoru
- 200 ml (velký ¾ šálku) sójové omáčky
- 50 g (1¾ unce) cukru

INSTRUKCE:
a) Maso nakrájejte na přibližně 15 cm (6 palců) široké části. Namočte do studené vody na 1½ hodiny, abyste vytáhli krev, vodu vyměňujte každých 30 minut. V hrnci přiveďte k varu vodu. Kousky masa ponořte do vody a vařte 5 minut, poté sceďte a omyjte pod tekoucí vodou, přičemž dejte pozor, abyste odstranili sraženou krev.
b) Nalijte 2 litry (8 šálků) vody a alkohol do hrnce. Pórkové listy, celou cibuli, kuličky pepře, česnek a oloupaný zázvor zajistěte do bavlněného mušelínového sáčku. Vložte sáček do hrnce a přiveďte k varu. Přidejte maso. Vařte 50 minut na středním plameni, částečně zakryté.
c) Vyjměte mušelínový sáček a zlikvidujte jeho obsah. Maso a vývar dejte stranou zvlášť. Vývar necháme vychladnout, dokud tuk na povrchu neztuhne, poté jej propasírujeme přes jemné sítko, aby se tuk odstranil. Maso nakrájejte rukama ve směru svalových vláken , abyste získali proužky o tloušťce asi 5 mm (¼ palce).
d) V hrnci přiveďte k varu 800 ml (3¼ šálků) vývaru, sójovou omáčku, cukr a maso. Vařte 25 minut na středním plameni. Maso a šťávu nalijte do předem sterilované sklenice . Nechte vychladnout na pokojovou teplotu. Toto hovězí maso vydrží v lednici 2 týdny. Podáváme jako přílohu nebo jako náplň, studené nebo mírně ohřáté.

88.Okurka sojová omáčka Pickles/Oi Jangajji

SLOŽENÍ:

- 5 nebo 6 dětských okurek
- 1 hrst hrubé mořské soli
- 150 ml (velký ½ šálku) sójové omáčky
- 150 ml (štědře ½ šálku) bílého octa
- 300 ml (1¼ šálku) piva
- 75 g (2½ unce) cukru

INSTRUKCE:

a) Okurky potřeme hrubou mořskou solí. Opláchněte je pod vodou a osušte papírovou utěrkou.
b) Sterilizujte nádobu. Nalijte vodu do hrnce a postavte sklenici dnem vzhůru. Zahřejte na vysokou teplotu a vařte 5 minut. Zvedněte sklenici chňapkami a po mírném vychladnutí otřete do sucha.
c) Připravte si marinádu. Do hrnce nalijte sójovou omáčku, ocet, pivo a cukr. Přiveďte k varu a odkryté vařte 5 minut na prudkém ohni.
d) Vložte okurky do sterilizované sklenice a zabalte je co nejtěsněji. Pomocí naběračky nalijte horkou marinádu přímo na okurky. Lžící zatlačte okurky trochu dolů. Nechte vychladnout na pokojovou teplotu. Sklenici uzavřeme a uchováme v lednici.
e) Tyto okurky jsou připraveny ke konzumaci po 1 týdnu odpočinku a lze je uchovávat nejméně 3 měsíce.

89. Kimchi Gimbap / Kimchi- Kimbap

SLOŽENÍ:
- 200 g (7 uncí) kimchi z čínského zelí
- 3 lžičky cukru
- okurka
- 2½ lžičky soli, plus navíc na dochucení
- 3 vejce
- 1 lžička česnekového prášku
- 2 mrkve
- 5 surimi (krabích) tyčinek
- ½ lžíce sójové omáčky
- 300 g (10½ unce) vařené bílé rýže, teplé
- 2 velké listy gim mořských řas (nori)
- 2 plátky šunky sezamový olej
- Neutrální rostlinný olej
- sezamová semínka

INSTRUKCE:
a) Kimchi omyjte a vymačkejte v rukou, abyste odstranili šťávu, poté nakrájejte na malé kousky. Smíchejte se 2 lžičkami sezamového oleje a 1 lžičkou cukru, dokud se dobře nespojí. Okurku nakrájejte na tyčinky, smíchejte s ½ lžičky soli, dobře promíchejte a rukama přitlačte, abyste extrahovali přebytečnou vodu.
b) Rozbijte vejce. Dochuťte 1 špetkou soli a česnekovým práškem. Na rozpálené pánvi vymazané olejem udělejte 2 velmi tenké omelety a dejte je stranou. Mrkev nakrájíme na tyčinky. Mrkev opékejte 3 minuty na rozpálené pánvi vymazané olejem a dochuťte 1 špetkou soli, poté dejte stranou. Surimi tyčinky natrhejte rukama a za stálého míchání smažte 3 minuty na rozpálené pánvi vymazané olejem, během smažení přidejte 2 lžičky cukru a sójovou omáčku. Smíchejte rýži s ½ lžíce sezamového oleje a zbývajícími 2 lžičkami soli (A).
c) Chcete-li vytvořit první váleček, položte 1 plát mořských řas na bambusovou podložku (gimbal nebo makisu), hrubou stranou nahoru. Řasy zakryjte tenkou vrstvou rovnoměrně rozložené rýže. Na rýži položte 1 plátek šunky, nakrájejte ho tak, aby pokrýval povrch plechu ve spodní části. Navrch

položte omeletu a nakrájejte ji stejným způsobem. Doprostřed omelety dejte vedle sebe trochu okurky, surimi, mrkve a kimchi.

d) Sklopte spodní část listu pomocí podložky (BC), abyste zakryli ingredience, a silně přitlačte, aby se rýže přilepila na vnější stranu mořských řas.
e) Na horním okraji listu mořských řas rozdrťte několik zrnek rýže, abyste pomohli správně uzavřít gimbap (D). Proces opakujte, dokud není plát zcela srolován . Pomocí cukrářského štětce potřeme vrch rolády sezamovým olejem.
f) Nakrájejte roli na 1 cm (½ palce) silné části (E). Opakujte pro druhou roli. Posypte sezamovými semínky a vychutnejte si (F).

OMÁČKA Z KVAŠENÉ SARBELOVÉ

90. Palačinky Kimchi / Kimchijeon

SLOŽENÍ:
- 500 g (1 lb 2 oz) kimchi z čínského zelí
- 2 lžičky gochugaru chilli prášek
- 2 lžíce fermentované sardelové omáčky
- 650 g (1 lb 7 oz) korejského těsta na palačinky
- Neutrální rostlinný olej

INSTRUKCE:
a) Kimchi nakrájejte nůžkami na malé kousky a dejte do misky, aniž byste vypustili šťávu. Přidejte gochugaru chilli prášek a fermentovaná sardelová omáčka. Přidejte těsto na palačinky a dobře promíchejte.
b) Pánev hojně potřete rostlinným olejem a zahřejte na vysokou teplotu. Na dno pánve rozetřete tenkou vrstvu kimchi těsta. Pomocí špachtle ihned zvedněte těsto ze dna pánve, aby se nepřilepilo. Jakmile začnou okraje hnědnout a povrch lehce ztuhne, palačinku obraťte.
c) Opékejte druhou stranu na vysokém ohni další 4 minuty. Opakujte pro každou palačinku.
d) Vychutnejte si s korejskou palačinkovou omáčkou nebo nakládanou cibulovou sojovou omáčkou.

91. Hovězí maso s houbami a cuketou

SLOŽENÍ:
- 150 g (5½ unce) krátkozrnné bílé rýže
- 200 g (7 uncí) mletého hovězího masa
- ½ lžíce fermentované sardelové omáčky
- ½ lžičky cukru
- ½ lžičky česnekového prášku
- 1 lžička bílého alkoholu (soju nebo gin)
- ½ cibule
- 1 mrkev
- 2 houby pyogo (shiitake) nebo žampiony
- ½ cukety (cuketa)
- 1,2 litru (5 šálků) vody
- Sůl podle chuti

INSTRUKCE:
a) Promyjte rýži třikrát. Namočte minimálně na 45 minut do studené vody.
b) Mezitím poklepejte hovězí maso papírovou utěrkou, abyste odstranili přebytečnou krev. Smíchejte hovězí maso se sardelovou omáčkou, cukrem, česnekovým práškem a alkoholem. Odložte na 20 minut.
c) Nakrájejte cibuli, mrkev, houby a cuketu.
d) Sceďte rýži.
e) Zahřejte pánev. Když je maso horké, pár minut restujte a nezapomeňte ho lžící oddělit na malé kousky. Přidejte rýži a 500 ml (2 šálky) vody. Přiveďte k varu. Snižte teplotu na střední a pravidelně míchejte 20 minut. Přidejte zeleninu. Během následujících 30 minut na mírném ohni za pravidelného míchání přidávejte postupně zbývající vodu. Dochutíme solí.

92. Smažená cuketa / Hobak-Namul

SLOŽENÍ:
- 2 cukety (cukety)
- ½ cibule
- ½ mrkve
- 2 stroužky česneku
- 2 lžíce neutrálního rostlinného oleje
- 2 lžičky fermentované sardelové omáčky
- 1 lžička sezamového oleje
- ½ lžičky sezamových semínek sůl

INSTRUKCE:
a) Cuketu rozkrojte podélně napůl a poté na půlměsíce silné 5 mm (¼ palce) . Cibuli nakrájíme na tenké plátky a mrkev nakrájíme na tyčinky. Rozdrťte česnek.
b) Dno pánve potřete rostlinným olejem a za stálého míchání smažte česnek na vysoké teplotě, dokud nezavoní. Přidejte cibuli a mrkev. Za stálého míchání opékejte, dokud cibule nezačne být průsvitná. Přidejte cuketu a fermentovanou sardelovou omáčku. Za stálého míchání smažte 3 až 5 minut. Cuketa by měla zůstat lehce křupavá. Ochutnáme a podle chuti dosolíme.
c) Z ohně přidejte sezamový olej a sezamová semínka. Ještě horké na pánvi jemně promícháme. Užijte si teplé nebo studené.

93. Čínské zelí Kimchi/ Baechu -Kimchi

SLOŽENÍ:
SOLANKA
- 2 čínské zelí, každé přibližně 1,8 kg (4 lb).
- 350 g (12 uncí) hrubé mořské soli
- 2 litry (8 šálků) vody

MARINÁDA
- 300 ml (1¼ šálku) vody
- 15 g (½ unce) rýžové mouky
- 100 g (3½ unce) gochugaru chilli prášek
- 10 g (¼ unce) zázvoru
- 1 malá cibule
- 1 hruška
- 70 g (2½ unce) fermentované sardelové omáčky
- 50 g (1¾ unce) cukru
- 80 g (2¾ oz) česneku, drceného
- 1 svazek jarní cibulky (cibulky)
- 400 g (14 uncí) bílé ředkve (daikon)
- Mořská sůl

INSTRUKCE:
a) Jemně nakrájejte a vyhoďte tvrdý konec zelí, aby listy zůstaly spojené. Čínské zelí nakrájíme na čtvrtky. K tomu použijte dlouhý, velmi ostrý nůž. Začněte od základny a nakrájejte každé zelí do dvou třetin směrem nahoru. Rukou oddělte dvě části (A) a roztrhněte vršek listů. Udělejte totéž pro obě poloviny, abyste získali čtvrtky zelí. Zřeďte 200 g (7 uncí) hrubé mořské soli

b) 2 litry (8 šálků) vody za intenzivního míchání, aby se vytvořil solný roztok. Každou čtvrtku zelí ponořte do nálevu a ujistěte se, že jsou dobře navlhčené . Rozdělte jednu hrst zbývající soli mezi listy kolem pevné spodní části každé čtvrtky zelí.

c) Čtvrtky zelí dejte do nádoby se zbylým nálevem a vnitřní stranou listů nahoru. Nechte působit 3 až 5 hodin a zkontrolujte elasticitu listů blízko konce. Pokud se tvrdá základna listů ohne mezi dvěma prsty, aniž by se zlomila, je nakládání hotové . Zelí třikrát za sebou propláchneme a necháme minimálně 1 hodinu okapat.

d) Připravte polévku z rýžové mouky (B). Do hrnce nalijte 300 ml (1¼ šálku) vody a rýžovou mouku. Míchejte a přiveďte k varu za pravidelného míchání, poté snižte teplotu a pokračujte v míchání asi 10 minut. Nechte vychladnout a poté smíchejte s gochugaru chilli prášek (C).
e) Zázvor, cibuli a polovinu hrušky rozmixujte na kaši v malém kuchyňském robotu. Tuto směs vmícháme do směsi rýžové mouky. Přidejte sardelovou omáčku (D), cukr, prolisovaný česnek a jarní cibulku nakrájenou na čtyři po šířce a na dvě podélně. Bílou ředkev a zbývající půlku hrušky nakrájíme na tyčinky a přidáme ke směsi. Podle potřeby dochutíme mořskou solí.
f) Každou čtvrtku zelí potřete marinádou (E), včetně mezi listy. Každou čtvrtku zelí umístěte vnějšími listy dolů do vzduchotěsné nádoby (F). Naplňte pouze do 70 %. Případné solitérní listy zelí zalijte marinádou, přikryjte igelitem a pevně uzavřete pokličkou. Nechte 24 hodin v temnu při pokojové teplotě a poté uchovávejte v lednici až 6 měsíců.

94. Okurkové Kimchi/Oi- Sobagi

SLOŽENÍ:
SOLANKA
- 15 dětských okurek (1,5 kg/3 lb 5 oz)
- 100 g (3½ unce) hrubé mořské soli plus navíc na čištění okurek
- 1 litr (4 šálky) vody

MARINÁDA
- 60 g (2¼ unce) rýžové mouky

POLÉVKA
- 80 g (2¾ unce) pažitky
- 2 jarní cibulky (cibulky)
- 50 g (1¾ unce) stroužků česneku
- 50 g (1¾ oz) gochugaru chilli prášek
- 50 g (1¾ oz) fermentované sardelové omáčky
- Mořská sůl

INSTRUKCE:
a) Připravte dětské okurky: odřízněte 5 mm (¼ palce) od konců a omyjte je pod studenou vodou, otřete je hrubou solí, abyste odstranili nečistoty z pokožky. Vložte do velké mísy. Smíchejte hrubou mořskou sůl

b) 1 litr (4 šálky) vody, dokud se sůl nerozpustí, pak nalijte na okurky. Nechte stát 5 až 8 hodin a každých 90 minut převracejte okurky shora dolů. Chcete-li zkontrolovat, zda je solení hotové , jemně okurku přehněte. Musí být poddajný a ohebný, aniž by se zlomil. Okurky dvakrát omyjte čistou vodou a osušte.

c) Marinádu připravíme tak, že polévku z rýžové mouky dáme do mísy. Omyjte a nakrájejte pažitku na 1 cm (½ palce) kousky. Cibulky jarní cibulky nakrájejte na tyčinky a stonky podélně napůl a poté na 1 cm (½ palce) kousky. Rozdrťte česnek. Smíchejte zeleninu s polévkou z rýžové mouky a přidejte gochugaru a fermentovanou sardelovou omáčku. V případě potřeby dochutíme mořskou solí .

d) Nakrájejte okurky. Chcete-li to provést, položte každou okurku na prkénko a nakrájejte na dvě části tak, že špičku nože položíte 1 cm (½ palce) od konce a jemně provedete řez. Když se čepel nože dotkne desky, uchopte okurku, otočte ji a posuňte ji po čepeli nahoru, aby se dobře oddělila. Udělejte totéž na druhé straně, aby se okurky nakrájely na čtyři tyčinky stále připevněné k základně. Každou okurku naplňte 1 nebo 2 špetkami marinády. Marinádu vetřeme i do vnější strany okurek.

e) Naplňte vzduchotěsnou nádobu na 70 % okurkami, umístěte je pěkně naplocho a vytvořte několik vrstev. Zakryjte plastovým obalem a pevně zavřete víko. Nechte při pokojové teplotě po dobu 24 hodin mimo sluneční světlo a poté uložte do chladničky. Toto kimchi lze konzumovat čerstvé nebo od druhého dne fermentované . Okurky vydrží křupavé asi 2 měsíce.

95.Kimchi z bílé ředkve/ Kkakdugi

SLOŽENÍ:
SOLANKA
- 1,5 kg (3 lb 5 oz) loupané bílé ředkve (daikon), černé ředkve nebo tuřínu
- 40 g (1½ unce) hrubé mořské soli
- 50 g (1¾ unce) cukru
- 250 ml (1 šálek) perlivé vody

MARINÁDA
- 60 g (2¼ unce) gochugaru chilli prášek
- 110 g (3¾ unce) polévky z hladké (univerzální) mouky
- ½ hrušky
- ½ cibule
- 50 g (1¾ oz) fermentované sardelové omáčky
- 60 g (2¼ unce) stroužků česneku
- 1 lžička mletého zázvoru
- 5 cm (2 palce) pórek (bílá část)
- ½ lžíce mořské soli 2 lžíce cukru

INSTRUKCE:
a) Ředkev nakrájejte na 1,2 cm (½ palce) silné části a poté každou část na čtvrtiny. Vložte je do mísy a přidejte hrubou mořskou sůl, cukr a perlivou vodu. Rukama dobře promíchejte, aby se cukr a sůl dobře utřely. Nechte stát asi 4 hodiny při pokojové teplotě. Když se kousky ředkvičky stanou elastickými, je nakládání hotové. Kousky ředkviček jednou opláchněte ve vodě. Nechte je odkapat minimálně 30 minut.
b) Na marinádu vmíchejte gochugaru do studené polévky z hladké mouky (stejná technika přípravy jako u polévky z rýžové mouky, str. 90). Hrušku, cibuli a fermentovanou sardelovou omáčku rozmačkejte v malém kuchyňském robotu a smíchejte se směsí hladké mouky gochugaru. Rozdrťte česnek a vmíchejte ho do směsi spolu s mletým zázvorem. Pórek nakrájíme na tenké plátky a vmícháme do směsi. Dokončete koření mořskou solí a cukrem.
c) Smíchejte kousky ředkviček s marinádou. Vložte do vzduchotěsné nádoby a naplňte ji na 70 %. Zakryjte plastovým obalem a stiskněte, abyste odstranili co nejvíce vzduchu. Pevně uzavřete víko. Nechte 24 hodin v temnu při pokojové teplotě a poté uchovávejte v lednici až 6 měsíců. Chuť tohoto kimchi je nejlepší, když je dobře fermentované, což je asi po 3 týdnech.

96.Kimchi pažitková/Pa-Kimchi

SLOŽENÍ:
SOLANKA
- 400 g (14 uncí) česnekové pažitky
- 50 g (1¾ oz) fermentované sardelové omáčky

MARINÁDA
- 40 g (1½ unce) gochugaru chilli prášek
- 30 g (1 unce) polévky z rýžové mouky
- ¼ hruška
- ¼ cibule
- 25 g (1 unce) stroužků česneku
- 1 lžíce konzervovaného citronu
- ½ lžičky mletého zázvoru
- 1 lžíce cukru

INSTRUKCE:
a) Stonky pažitky dobře omyjte a odstraňte kořeny. Svazek pažitky cibulkami dolů naskládejte do velké mísy. Nalijte sardelovou omáčkou na pažitku, přímo na nejnižší část. Všechny stonky by měly být dobře navlhčeny . Pomozte roztírat omáčku rukama, vyhlaďte ji zdola nahoru. Každých 10 minut přesuňte omáčku stejným způsobem ze dna misky na horní část stonků a pokračujte v tom po dobu 30 minut.
b) Do polévky z rýžové mouky vmíchejte chilli prášek. Hrušku a cibuli společně rozmixujte na kaši v malém kuchyňském robotu a prolisujte česnek. Smícháme s polévkou z rýžové mouky. Směs nalijte do misky s pažitkou. Přidejte konzervovaný citron, mletý zázvor a cukr. Promíchejte tak, že každý stonek pažitky potřete marinádou.
c) Vložte do vzduchotěsné nádoby, naplňte ji na 70 %. Zakryjte plastovým obalem a stiskněte, abyste odstranili co nejvíce vzduchu. Pevně uzavřete víko. Nechte 24 hodin v temnu při pokojové teplotě a poté uchovávejte v lednici až 1 měsíc.

97. Bílé Kimchi

SLOŽENÍ:
SOLANKA
- 1 čínské zelí, přibližně 2 kg (4 lb 8 oz)
- 200 g (7 uncí) hrubé mořské soli
- 1 litr (4 šálky) vody

MARINÁDA
- ½ hrušky
- ½ cibule
- 50 g (1¾ unce) stroužků česneku
- 60 g (2¼ unce) polévky z rýžové mouky
- 600 ml (2 šálky) minerální vody
- 2 lžíce fermentované sardelové omáčky
- 3 lžíce zázvorového sirupu
- 1 lžička mořské soli

PLNICÍ
- 200 g (7 uncí) bílé ředkve (daikon), černé ředkve nebo tuřínu
- ½ hrušky
- ½ mrkve
- ½ červeného chilli (volitelně) 5 stonků česneku pažitky 2 sušené jujuby
- 1 lžička mořské soli
- 1 lžíce cukru

INSTRUKCE:
a) Jemně nařízněte a vyhoďte tvrdý konec čínského zelí, aby listy zůstaly spojené. Zelí nakrájíme na čtvrtky. K tomu použijte dlouhý, velmi ostrý nůž. Začněte od základny a nakrájejte zelí do dvou třetin směrem nahoru.

b) Rukou oddělte dvě části a natrhejte horní část listů. Udělejte totéž pro obě poloviny, abyste získali čtvrtky zelí. Zřeďte 100 g (3,5 unce) hrubé mořské soli v 1 litru (4 šálcích) vody a za intenzivního míchání vytvořte solanku.

c) Každou čtvrtku zelí ponořte do nálevu a ujistěte se, že jsou dobře navlhčené . Rozdělte jednu hrst zbývající soli mezi listy kolem pevné spodní části každé čtvrtky zelí.

d) Čtvrtky zelí vložte do nádoby se zbylým lákem vnitřní stranou listů nahoru.

e) Nechte působit 3 až 5 hodin a zkontrolujte elasticitu listů blízko konce. Pokud se tvrdá základna listů ohne mezi dvěma prsty, aniž by se zlomila, je nakládání hotové. Zelí třikrát za sebou propláchneme a poté necháme minimálně 1 hodinu okapat.
f) Na marinádu rozmixujte hrušku, cibuli a česnek v malém kuchyňském robotu. Rozmixovanou směs a polévku z rýžové mouky přelijte přes jemné síto umístěné nad mísou, lisujte naběračkou a přidávejte minerální vodu, která pomůže vytáhnout šťávu. Když v sítu zůstanou pouze vlákna, vyhoďte je. Pokud zbyde voda, přidejte ji do přecezené šťávy. Dochuťte fermentovanou sardelovou omáčkou, zázvorovým sirupem a mořskou solí.
g) Na náplň nakrájejte ředkvičky, hrušku, mrkev a červenou chilli papričku na zápalky. Nakrájejte pažitku na 5 cm (2 palce) kousky. Odstraňte centrální semeno z jujuby a nakrájejte na tyčinky. Všechny ingredience smícháme s mořskou solí a cukrem.
h) dejte 2 nebo 3 špetky náplně a každou čtvrtku zelí zabalte posledním vnějším listem, aby náplň zůstala uvnitř. Zelí vložte do vzduchotěsné nádoby vnitřní stranou listů nahoru a zalijte marinádou tak, aby nebyla naplněna více než z 80 %. Pevně uzavřete víko.
i) Nechte 24 hodin v temnu při pokojové teplotě a poté uchovávejte v lednici až 6 měsíců. Toto kimchi můžete jíst po 2 týdnech.

98. Vepřové maso a kimchi restované/kimchi-jeyuk

SLOŽENÍ:
- 600 g (1 lb 5 oz) vepřové plece bez kosti
- 3 lžíce cukru
- 350 g (12 uncí) kimchi z čínského zelí
- 10 cm (4 palce) pórek (bílá část)
- 50 ml (málo ¼ šálku) bílého alkoholu (soju nebo gin)
- 40 g (1½ unce) pikantní

MARINÁDA
- 1 lžíce fermentované sardelové omáčky

TOFU
- 200 g (7 uncí) pevného tofu
- 3 lžíce neutrálního rostlinného oleje
- Sůl

INSTRUKCE:
a) Vepřové maso nakrájejte velmi ostrým nožem na tenké plátky. Před krájením lze 4 hodiny zmrazit . Vepřové plátky marinujte v cukru 20 minut. Zelí nakrájejte na 2 cm (¾ palce) široké proužky. Pórek nakrájejte diagonálně na 1 cm (½ palce) silné části. Smíchejte kimchi, bílý alkohol a pikantní marinádu s vepřovým masem.

b) Rozpalte pánev na vysokou teplotu a za stálého míchání smažte směs vepřového masa a kimchi po dobu 30 minut. Pokud se vám směs zdá příliš suchá, přidejte během vaření trochu vody. Přidejte pórek a za stálého míchání opékejte dalších 10 minut. Dochutíme fermentovanou sardelovou omáčkou.

c) Mezitím nakrájejte tofu na 1,5 cm (⅝ palce) obdélníky. Rozpálíme pánev natřenou rostlinným olejem. Smažíme na středním plameni, dokud všechny strany pěkně nezezlátnou. Stěrkou a lžící otočte kousky tofu, aby se nepolámaly. Během vaření dochutíme každou stranu solí. Po uvaření necháme tofu vychladnout na papírové utěrce.

d) Položte kousek kimchi a vepřového masa na obdélník tofu a snězte společně.

99. Kimchi Stew/Kimchi- Jjigae

SLOŽENÍ:
- 500 g (1 lb 2 oz) kimchi z čínského zelí
- 300 g (10½ unce) vepřové plece bez kosti
- 1 cibule
- 1 jarní cibulka (cibulka)
- 2 stroužky česneku
- 200 g (7 uncí) pevného tofu
- 1 lžička cukru
- 2 lžíce fermentované sardelové omáčky
- 500 ml (2 šálky) vody

INSTRUKCE:
a) Kimchi nakrájejte na 2 cm (¾ palce) široké proužky. Vepřovou plec nakrájíme na kousky velikosti sousta. Nakrájejte cibuli na kostičky. Cibulku jarní cibulky nakrájíme na čtvrtky a přidáme k cibuli. Nať jarní cibulky šikmo nařízněte a dejte stranou. Rozdrťte česnek. Pevné tofu nakrájejte na 1 cm (½ palce) tlusté obdélníky.

b) Zahřejte hrnec na vysokou teplotu bez oleje. Když je horké, přidejte kimchi a posypte cukrem. Navrch položíme vepřové maso a rovnoměrně posypeme sardelovou omáčkou. Přidejte prolisovaný česnek. Restujte několik minut, dokud vepřové maso nezezlátne a kimchi nezačne být průsvitné. Přidejte vodu a nakrájenou cibuli a poté promíchejte.

c) Nechte 20 minut dusit na středním plameni odkryté. Pět minut před koncem vaření ochutíme vývarem a podle potřeby přidáme ještě fermentovanou sardelovou omáčku. Přidejte tofu a nať jarní cibulky. Podávejte horké.

100. z čínského zelí s Kimchi omáčkou / Baechu-Geotjeori

SLOŽENÍ:
- 600 g (1 lb 5 oz) čínského zelí
- 50 g (1¾ unce) hrubé mořské soli
- 1 litr (4 šálky) vody
- 4 stonky česneku pažitky (nebo 2 stonky jarní cibulky / jarní cibulky, bez cibule)
- 1 mrkev
- 1 polévková lžíce cukru 50 g (1¾ oz) pikantního

MARINÁDA
- 2 lžíce fermentované sardelové omáčky
- ½ lžičky sezamových semínek
- Mořská sůl

INSTRUKCE:
a) Čínské zelí nakrájíme na velké kousky. Sůl rozpustíme ve vodě a zelí ponoříme. Nechte 1½ hodiny odpočinout.
b) Nakrájejte pažitku na 5 cm (2 palce) kousky. Mrkev nastrouháme.
c) Zelí sceďte. Opláchněte ji třikrát za sebou a poté nechte 30 minut okapat. Smícháme s cukrem, pikantní marinádou, fermentovanou sardelovou omáčkou, mrkví a pažitkou. Dochuťte mořskou solí. Posypte sezamovými semínky.

ZÁVĚR

Na konci naší cesty duší korejské kuchyně se ocitáme nejen u sbírky receptů, ale také s hlubším uznáním kulturního dědictví vetkaného do každého jídla. "JANG: DUŠE KOREJSKÉHO VAŘENÍ" nás láká, abychom si užili nadčasovou podstatu Jang a jeho roli při utváření živé mozaiky korejské kuchyně.

Když se loučíme s těmito stránkami naplněnými kulinářskou inspirací, kéž chutě přetrvávají na našich patrech a kéž umění Jang nadále inspiruje ostřílené kuchaře i domácí kuchaře. Nechte tento průzkum sloužit jako připomínka toho, že za každým jídlem se skrývá příběh a v každém soustu můžeme ochutnat duši kultury – kultury krásně zapouzdřené do bohatého a chutného světa korejské kuchyně.

www.ingramcontent.com/pod-product-compliance
Lightning Source LLC
Chambersburg PA
CBHW050147130526
44591CB00033B/1000